Bitc...

criptomon...

Por United Library

https://campsite.bio/unitedlibrary

Índice

Índice 2

Descargo de responsabilidad....................................4

Introducción...5

Bitcoin...7

Ethereum 111

Tether...123

Solana 134

Ripple...137

USDC 147

Cardano..149

Avalancha...155

Dogecoin 162

Shiba Inu **172**

Otros libros de United Library **175**

Descargo de responsabilidad

Este libro biográfico es una obra de no ficción basada en la vida pública de una persona famosa. El autor ha utilizado información de dominio público para crear esta obra. Aunque el autor ha investigado a fondo el tema y ha intentado describirlo con precisión, no pretende ser un estudio exhaustivo del mismo. Las opiniones expresadas en este libro son exclusivamente las del autor y no reflejan necesariamente las de ninguna organización relacionada con el tema. Este libro no debe tomarse como un aval, asesoramiento legal o cualquier otra forma de consejo profesional. Este libro se ha escrito únicamente con fines de entretenimiento.

Introducción

Embárquese en una exploración exhaustiva de la
revolución de las finanzas digitales con una guía centrada
en las 10 criptodivisas que están dando forma al futuro
del dinero. Esta lectura esencial se sumerge en el mundo
del blockchain y las divisas digitales, empezando por
Bitcoin, la primera y más conocida criptomoneda, que
sentó las bases de un cambio de paradigma financiero. A
continuación, le guía a través de las complejidades e
innovaciones de otras nueve criptomonedas líderes, cada
una con el potencial único de redefinir las transacciones
económicas, las estrategias de inversión y el propio
concepto de valor.

Comprenda la tecnología fundamental de blockchain y
cómo proporciona un marco seguro y descentralizado
para estos activos digitales. Desde el proceso de minería
de Bitcoin, que consume mucha energía, hasta los
sofisticados mecanismos de consenso que garantizan la
integridad de cada criptodivisa, este libro cubre los
aspectos críticos que todo inversor y entusiasta debe
conocer. Conozca las implicaciones económicas, los retos
que plantea el cumplimiento de la normativa y el
potencial de las criptomonedas como depósito de valor y
medio de intercambio en un mundo cada vez más digital.

A pesar de la naturaleza volátil del mercado de criptomonedas y de los debates en torno a su sostenibilidad y seguridad, esta guía presenta una mirada imparcial sobre el potencial y las trampas de invertir en monedas digitales. Tanto si busca profundizar en el conocimiento de Bitcoin, Ethereum, Tether o monedas emergentes como Solana y Cardano, este libro ofrece una perspectiva equilibrada de los activos digitales que encabezan la carrera alcista de 2024.

Aproveche la oportunidad de estar bien informado sobre el panorama de las divisas digitales a medida que se desarrolla. Este libro es la clave para desentrañar las complejidades de la inversión en criptodivisas, permitiéndole tomar decisiones informadas en el dinámico y rápidamente cambiante mundo de las finanzas digitales. Inicie hoy mismo su viaje al transformador mundo de las criptodivisas.

Bitcoin

Bitcoin (₿, BTC, **XBT**) (de *bit*: unidad de información binaria y *coin* "moneda") es una criptomoneda también conocida como criptodivisa. En el caso de la unidad de denominación, se escribe "bitcoin" y en el caso del sistema de pago entre pares se escribe "Bitcoin". La idea fue presentada por primera vez en noviembre de 2008 por una persona, o grupo de personas, bajo el seudónimo de Satoshi Nakamoto. El código fuente de la implementación de referencia se publicó en 2009. El objetivo es crear un sistema descentralizado, de igual a igual, para el intercambio de valor monetario, libre de organizaciones de terceros, como las instituciones financieras.

El G20 considera que Bitcoin es un "criptoactivo". El término "criptoactivo" se refiere a "activos virtuales almacenados en un soporte electrónico que permiten a una comunidad de usuarios que los aceptan como pago realizar transacciones sin tener que utilizar moneda de curso legal".

Presentación

Cómo funciona

Bitcoin utiliza un software para crear y gestionar bitcoins. En este software, los bitcoins se crean según un protocolo que recompensa a los agentes (llamados "mineros") que han procesado transacciones. Estos agentes utilizan su potencia de cálculo para verificar, asegurar y registrar las transacciones en un registro virtual llamado "blockchain", un nombre derivado del hecho de que la entidad básica de Bitcoin se llama "bloque", y que los bloques se enlazan luego en una cadena, la blockchain.

Por cada nuevo bloque aceptado, la actividad de verificación-seguridad-registro, conocida como "minería", se remunera con bitcoins de nueva creación y con las tasas por las transacciones procesadas. Como moneda o mercancía, los bitcoins pueden cambiarse por otras monedas o mercancías, bienes o servicios. El tipo de cambio de la criptomoneda se fija en mercados especializados y fluctúa según la ley de la oferta y la demanda.

Los bitcoins pueden comprarse en línea en plataformas especializadas, en terminales físicos o a cambio de cualquier bien o servicio con alguien que ya los posea (la transacción puede realizarse de smartphone a smartphone). Las plataformas también permiten seguir el precio del bitcoin frente a otras divisas o criptodivisas en tiempo real.

Unidad de cuenta

La unidad de cuenta de Bitcoin es el *bitcoin*. Su emisión está limitada a 21 millones de unidades, cada una divisible hasta el octavo decimal (llamado Satoshi o sat). El símbolo oficial de la moneda fue registrado y aceptado por Unicode en 2015. Las siglas correspondientes utilizadas por las plataformas de intercambio son BTC y XBT. Los símbolos no oficiales utilizados son ฿ y Ƀ.

Descentralización

El sistema funciona sin una autoridad central ni un administrador único. Se gestiona de forma descentralizada, gracias al consenso de todos los nodos de la red. Bitcoin es la mayor criptomoneda descentralizada, con una capitalización de 793.000 millones de dólares a 1 de enero de 2022 (545.000 millones de dólares a 1 de enero de 2021, 130.000 millones de dólares a 1 de enero de 2020).

El sistema se considera descentralizado si no existe una organización central de control fácilmente identificable.

Utilización

En sus inicios, el bitcoin sólo era utilizado por un nicho de iniciados. La primera plataforma de negociación abrió en marzo de 2010, con bitcoin cotizando a 0,003 dólares cada uno. Ese año, el informático estadounidense Laszlo Hanyecz hizo una compra simbólica de dos pizzas por 10.000 BTC (25 dólares). Este hecho se considera la primera transacción pagada en bitcoins.

Desde su creación en 2009 y hasta el cierre de Silk Road por las autoridades estadounidenses en 2013, el bitcoin ha sido utilizado principalmente como medio de intercambio por redes delictivas para apuestas, compra de sustancias ilegales y bases de datos pirateadas.

Bitcoin se basa en una blockchain pública donde se registran todas las transacciones. El registro no es anónimo, sino seudónimo. Sin embargo, su trazabilidad sigue siendo relativa, ya que habría sido posible desviar la moneda digital de su protocolo inicial utilizando un mezclador de criptomonedas. Desde entonces, las autoridades financieras y los órganos legislativos, principalmente en Estados Unidos, como la SEC, así como los medios de comunicación, han centrado su atención en estas prácticas.

Un número creciente de estudios sobre este tema parece demostrar que estas actividades ilegales, aunque existen, sólo representan una parte minoritaria del flujo global de los intercambios de criptomonedas.

El Senado estadounidense también ha reconocido la capacidad de bitcoin para prestar servicios financieros perfectamente legítimos.

Medios de pago

Su uso para adquirir bienes y servicios sigue siendo marginal, pero también se está utilizando indirectamente en la sociedad occidental, sobre todo con el auge de los pagos con "criptotarjetas" respaldados por empresas como VISA y Master Card, y su integración en el sistema de transacciones Paypal.

A lo largo de su historia, Bitcoin ha sido aceptado por un número cada vez mayor de comerciantes, a menudo incentivado por unas comisiones por transacción inferiores a las que "cobran las organizaciones de tarjetas de crédito e independientes del importe de la transacción financiera". Sin embargo, en 2017, las comisiones aumentaron considerablemente en pocos meses, pasando de 0,2 dólares en 2016 a 20 dólares en determinados días de diciembre de 2017, hasta el punto de que la plataforma Steam o Microsoft retiraron Bitcoin como medio de pago, precisamente por unas comisiones por transacción demasiado elevadas (Microsoft volvió a permitir Bitcoin en enero de 2018). Para solucionar el problema de que las comisiones por transacción sean demasiado elevadas, el despliegue gradual de diversas mejoras tecnológicas (Segwit, Lightning, transacciones por lotes, Schnorr) a lo largo de 2018 y 2019 ha permitido que las comisiones bajen hasta situarse en torno a 0,05 $ para transacciones no urgentes, e incluso hasta cantidades inferiores a 0,000 $ 1 para transacciones tipo Lightning. A diferencia de las tarjetas de crédito, las posibles comisiones no corren a cargo del vendedor, sino del comprador, que decide pagarlas voluntariamente. Una transacción en bitcoin es irrevocable y no puede cancelarse. A pesar del crecimiento del 500% en el número de comerciantes que aceptan bitcoin en 2014, la criptodivisa no está bien establecida en el comercio minorista, pero sigue ganando terreno en los intercambios comerciales.

Refugio seguro

En un país en riesgo de hiperinflación, con los ahorros en moneda local fundiéndose, comprar bitcoin sería una forma de protegerse, ya que el número total de unidades emitidas es limitado. Algunos expertos financieros apoyan la propensión del bitcoin a convertirse en un refugio seguro más que en un medio de pago. En cambio, otros creen que es demasiado volátil para escapar a los movimientos especulativos que han hecho su fama. Sin embargo, Bitcoin sólo existe desde 2009, por lo que cualquier estatus sólo será definible tras un periodo inicial de intensa volatilidad. En cuanto a la cuestión de si el valor de mercado que representa podría alcanzar o incluso superar al del oro, el tema sigue siendo objeto de debate.

Activos especulativos

La oferta y la demanda de bitcoin están impulsadas por la especulación (económica o monetaria) en un entorno muy volátil. Las plusvalías obtenidas por unos proceden del dinero aportado por otros. Esta especulación está respaldada por un número creciente de fondos especializados. Más recientemente, las instituciones financieras han mostrado su interés por el bitcoin y las monedas digitales.

Según el Gobernador del Banco de Japón, el principal uso del bitcoin en 2021 será la especulación, y el bitcoin "apenas se utilizará como medio de pago". La Reserva Federal estadounidense (Fed), el Banco Central Europeo (BCE) y el Banco de Inglaterra ya han advertido a los inversores contra la especulación con el bitcoin, que no tiene valor económico intrínseco. China ha reafirmado su prohibición de las criptomonedas. Sin embargo, China mantiene una postura ambivalente para preservar un clima favorable a la introducción de su propia moneda digital, el yuan digital.

Tamaño del mercado

Aunque hay un gran número de criptoactivos en circulación, el mercado está dominado principalmente por Bitcoin (408.000 millones de euros), que ocupa el primer lugar, seguido de Ethereum (181.200 millones de euros). Estos dos primeros criptoactivos representan casi dos tercios del valor total del mercado. A 19 de julio de 2022, según *CoinMarketCap*, había 20.265 criptoactivos, o criptodivisas, por valor de 992.000 millones de euros.

Historia

Trabajos preliminares

Bitcoin es una mejora del concepto de *b-money*, ideado por Wei Dai en 1999, y de *bitgold*, descrito en 2005 por Nick Szabo. En concreto, bitcoin resuelve el problema crucial del modelo de confianza: los servidores considerados serios votan con su potencia de cálculo para determinar la cadena de transacciones legítima. En b-money, los servidores debían pagar un depósito de seguridad mediante un mecanismo poco explícito. La idea de utilizar una cadena de pruebas de cálculo se planteó en el proyecto bitgold, aunque Nick Szabo sólo propuso utilizar una mayoría de direcciones para establecer la legitimidad de una cadena de transacciones, lo que dejaba sin resolver el problema de controlar el número de direcciones.

Creación

Satoshi Nakamoto ha declarado que trabajó en bitcoin de 2007 a 2009. En 2008, publicó un documento, el libro blanco de Bitcoin, en una lista de correo en el que describía la moneda digital bitcoin. En febrero de 2009, publicó un anuncio sobre su trabajo en el sitio web de la Fundación P2P. El 3 de enero de 2009, se creó el primer bloque o bloque *génesis*. En febrero de 2009, publicó la primera versión del software Bitcoin en el sitio de la Fundación P2P y, para hacer funcionar la red, aportó su ordenador y generó los primeros bitcoins. Junto con otros desarrolladores, Nakamoto continuó implementando el software y su versión *Bitcoin-Qt* hasta 2010.

Los desarrolladores y la comunidad bitcoin perdieron gradualmente el contacto con él a mediados de 2010. El 12 de diciembre de 2010, Nakamoto publicó su último mensaje en el foro principal. Poco antes de fallecer, Nakamoto nombró sucesor a Gavin Andresen, dándole acceso al proyecto bitcoin SourceForge y una copia de la clave de alerta. La clave de alerta es una clave criptográfica privada única que puede utilizarse para mitigar los efectos de un posible ataque al sistema Bitcoin, como el descubrimiento de un fallo criptográfico que permita modificar transacciones *a posteriori*, o la toma de control de más del 51% de los nodos de la red. En caso de alerta, los operadores de los nodos de la red pueden advertir a sus usuarios o detener todas las transacciones que se estén registrando.

El 27 de septiembre de 2012 se creó la Fundación Bitcoin. Destacadas personalidades del mundo de las nuevas tecnologías se apresuraron a apoyar el proyecto, entre ellas Wences Casares.

La identidad de Satoshi Nakamoto

Varias personas han afirmado ser Satoshi Nakamoto, pero ninguna ha podido demostrarlo. No hay constancia de su identidad antes de la creación de Bitcoin.

En marzo de 2014, la periodista *de Newsweek* Leah McGrath Goodman anunció que había localizado al inventor de Bitcoin, que según ella era un japonés-estadounidense de 64 años cuyo nombre de nacimiento era Satoshi Nakamoto, aunque había cambiado su nombre por el de Dorian Prentice Satoshi Nakamoto a la edad de 23 años. Se dice que es un físico jubilado que vive en California. Esta teoría fue desmontada metódicamente un mes después por lingüistas de la Universidad de Aston (Inglaterra), que realizaron un estudio en profundidad de las correspondencias lingüísticas entre las producciones escritas del autor del libro blanco de Bitcoin y varias personalidades sospechosas, entre ellas Dorian Nakamoto.

La forma en que Satoshi escribe en los foros y en el libro blanco sugiere que es británico.

En 2016, Craig Steven Wright, un empresario australiano, afirmó ser Satoshi Nakamoto. Sin embargo, persisten fuertes dudas, ya que el propio Wright declaró el 5 de mayo de 2016, en un enigmático mensaje en su blog personal, que no publicaría ninguna prueba que confirmara que efectivamente era el creador de Bitcoin.

El creador de bitcoin podría ser un grupo de varias personas.

Aceptación

El 16 de noviembre de 2012, WordPress aceptó bitcoins para sus servicios de pago.

El 28 de noviembre de 2012 se redujeron por primera vez los honorarios de los mineros, de 50 a 25 BTC. El código fuente de bitcoin prevé una reducción a la mitad de la remuneración cada doscientos diez mil bloques minados, es decir, aproximadamente cada cuatro años.

El 6 de diciembre de 2012, una asociación entre la start-up Paymium (un sitio de intercambio francés) y Aqoba (una entidad de pago) permitió a Paymium operar como proveedor de servicios de pago y, por tanto, mantener cuentas en euros y emitir tarjetas de pago que pueden utilizarse en euros y bitcoins.

El 14 de febrero de 2013, el sitio de la comunidad Reddit puso en marcha un sistema para comprar "Reddit Gold" con bitcoins.

El 16 de febrero de 2013, el sitio de almacenamiento en línea Mega, sucesor de Megaupload, empezó a aceptar pagos en bitcoin.

El 14 de octubre de 2013, el gigante Baidu (el equivalente chino de Google) aceptó transacciones en bitcoin para su servicio de cortafuegos Jiasule.

El 29 de octubre de 2013 se puso en marcha el primer cajero automático de Bitcoin en Vancouver. En septiembre de 2016, se habían instalado más de setenta de estos cajeros en todo el mundo, incluidos cuatro en Francia.

El 21 de noviembre de 2013, la Universidad de Nicosia anunció que aceptaba bitcoin y que abría un máster en economía especializado en monedas digitales.

El 22 de noviembre de 2013, Richard Branson anunció que Virgin Galactic aceptaría bitcoin como forma de pago para sus vuelos de turismo espacial.

El 29 de noviembre de 2013, Jiangsu Telecom (tercer operador de China), filial de China Telecom, empezó a aceptar bitcoins.

El 25 de marzo de 2014, las autoridades fiscales estadounidenses declararon que el bitcoin no debe considerarse una moneda, sino un activo, cuyas transacciones están sujetas al impuesto sobre plusvalías. Esto significa que el tipo de cambio al que se adquirió un bitcoin y el tipo de cambio al que se utiliza deben tenerse en cuenta a la hora de calcular la plusvalía obtenida, lo que dificulta especialmente el uso legal del bitcoin en Estados Unidos.

El 9 de mayo de 2014, la Comisión Electoral de Estados Unidos acordó permitir que las campañas electorales se financien en bitcoin hasta un límite de 100 USD por ciclo electoral.

El 23 de septiembre de 2014, Paypal permitió a determinados comerciantes norteamericanos de productos digitales seleccionados por procesadores de pagos bitcoin asociados aceptar pagos con bitcoin, abriéndose así muy gradualmente al bitcoin.

A 16 de octubre de 2017, había 1.686 distribuidores en todo el mundo.

En diciembre de 2017, el ministro francés de Cuentas Públicas, Gérald Darmanin, recordó a los contribuyentes franceses la obligación de presentar declaraciones de la renta cuando se trata de plusvalías obtenidas con transacciones de bitcoin.

En noviembre de 2018, el gobierno de Ohio anunció que aceptaría pagos de impuestos en Bitcoins.

En enero de 2020, un estudio de investing.com reveló que el 9% de los asesores de inversión independientes ya están colocando una parte de los fondos de sus clientes en bitcoin para protegerlos de las turbulencias monetarias.

Incidentes notables

El 15 de agosto de 2010, se generó un bloque que contenía una transacción que creaba 184.467.440.737 bitcoins para tres direcciones diferentes. Este fallo está relacionado con el hecho de que el código no había previsto la creación de cantidades tan grandes de bitcoins. Este problema ha sido resuelto automáticamente por la blockchain de bitcoin y estos bitcoins ya no existen.

El 12 de marzo de 2013 se produjo un incidente relacionado con la no retrocompatibilidad de la versión 0.8.0: el canal se dividió en varias versiones, algunas de las cuales se bloquearon durante unas horas.

El 11 de abril de 2013, el valor del bitcoin se desplomó de 266 USD a 105 USD antes de estabilizarse en 160 USD (122 €) en menos de seis horas. El 13 de abril, el precio alcanzó los 66 euros. El precio se había multiplicado por ocho en menos de cinco semanas.

El 2 de octubre de 2013, Ross Ulbricht fue detenido. Era el presunto fundador de Silk Road, que fue clausurada por el FBI y utilizaba únicamente bitcoin para todas sus transacciones.

El 11 de febrero de 2014, la red Bitcoin fue víctima de un ataque masivo y concertado lanzado contra numerosas plataformas de intercambio.

El 24 de febrero de 2014, la plataforma de intercambio Mt. Gox sufrió una pérdida récord de 744.408 BTC, el equivalente a más de 250 millones de euros. El sitio web cerró temporalmente. Se ha elaborado un documento de gestión de crisis que está disponible para consulta pública. Según algunos medios especializados, el futuro del bitcoin está amenazado. El precio de la moneda se mantiene estable en otras plataformas. Bitcoin perdió más del 38% de su valor en el primer trimestre de 2014.

El 11 de septiembre de 2015, Mark Karpelès, jefe de la plataforma Mt. Gox, fue acusado en Japón de malversación de fondos. Se sospecha que malversó 2,3 millones de euros en depósitos de bitcoins. El sospechoso niega todas las acusaciones.

En mayo de 2016, el sitio de intercambio Gatecoin fue hackeado y se robaron 250 bitcoins y 185.000 ether. El hacker consiguió burlar los límites de almacenamiento de activos en línea del exchange: aunque solo el 5% de los depósitos no están en el almacenamiento en frío, el hacker consiguió vaciar estos depósitos mientras seguía alimentando la dirección transfiriendo activos del almacenamiento en frío del exchange.

El 3 de agosto de 2016, el sitio de intercambio Bitfinex informó de un robo de 119.756 bitcoins de su plataforma de intercambio, por valor de 65 millones de dólares al precio de la criptodivisa en julio de 2016. La mayor parte del botín se recuperará en febrero de 2022.

El 7 de mayo de 2019, unos hackers robaron más de 7.000 Bitcoins de la bolsa Binance, valorados en más de 40 millones de dólares. El CEO de Binance, Changpeng Zhao, afirma: "Los hackers utilizaron diversas técnicas, como phishing, virus y otros ataques... Los hackers tuvieron la paciencia de esperar y ejecutar acciones bien orquestadas a través de varias cuentas aparentemente independientes en el momento más oportuno."

Todos los incidentes relacionados con las plataformas de intercambio sólo afectan a las personas que no poseen las claves privadas de su monedero bitcoin. *Ni tus claves ni tus bitcoins*

Tras un tuit de Elon Musk el 12 de mayo de 2021, en el que afirmaba que su empresa de vehículos eléctricos Tesla ya no aceptaría pagos en Bitcoin por preocupación por el medio ambiente, y el anuncio de Pekín el 19 de mayo de 2021 de prohibir el uso de criptodivisas por parte de las instituciones financieras, Bitcoin perdió un 30% de su valor en menos de una semana, lo que provocó que otras criptodivisas cayeran más de un 40% en el caso de Ethereum y un 45% en el de Dogecoin.

Evolución de los precios frente al dólar y el euro

Cuando se creó, en febrero de 2009, la criptomoneda sólo era objeto de transacciones experimentales por parte de un puñado de usuarios, y su valor era cero. La primera venta conocida de bitcoin tuvo lugar el 12 de octubre de 2009, cuando dos usuarios intercambiaron 5.050 bitcoins por 5,02 USD mediante transferencia de Paypal, un precio de alrededor de 0,001 USD por bitcoin.

En marzo de 2010, *Bitcoinmarket.com* fue la primera bolsa de bitcoins en abrir, permitiendo una cotización continua del precio del bitcoin.

El 9 de febrero de 2011, el bitcoin alcanzó la paridad con el dólar. El 29 de noviembre de 2013, el valor de un bitcoin superó el de una onza de oro, casi 1.250 dólares.

Bitcoin, que se negocia principalmente contra yuanes y dólares, también puede negociarse contra euros en una decena de plataformas. Hasta noviembre de 2013, Mt. Gox era la más importante de estas plataformas en términos de volumen de negociación (~70%), y su precio se consideraba representativo del mercado. Tras los problemas surgidos, los usuarios se alejaron de la plataforma, lo que provocó que el precio del bitcoin en Mt. Gox, afectando sólo marginalmente a los precios de otras plataformas.

El precio subió un 400% entre enero y marzo de 2013, antes de corregir bruscamente el 10 de abril, tras la quiebra de la bolsa Mt. Gox y probables ventas de pánico. El precio volvió a caer al nivel del mes anterior, en torno a 50 USD. Entre el 4 y el 5 de diciembre de 2013, tras una advertencia del Banco Popular de China y la Banque de France, el precio cayó casi un 35% en 24 horas.

El 19 de febrero de 2014, el precio se desplomó tras el anuncio de la desaparición de 850.000 bitcoins en Mt. Gox. En esta plataforma de intercambio, el bitcoin cayó de 185 euros el 18 de febrero a 73 euros 24 horas después, mientras que en otras plataformas se mantuvo cerca de los 400 euros. Mt.Gox se declaró en quiebra el 28 de febrero de 2014. El 1 de mayo de 2014, un grupo de inversores llamado Sunlot Holdings ofreció comprar el sitio por un bitcoin simbólico.

En 2016, tras el anuncio del Brexit el 24 de junio, el valor del bitcoin se disparó, ganando más de un 9%, mientras que todos los mercados financieros se desplomaron durante menos de una semana.

Tras un meteórico ascenso especulativo en 2017, el bitcoin se desplomó en 2018, perdiendo el 80% de su valor, cayendo de casi 20.000 dólares a 3.700 dólares en diciembre de 2018.

El bitcoin alcanzó su máximo el 14 de abril de 2021 con 64.895,22 dólares, habiendo perdido alrededor de un 48% el 23 de mayo de 2021 desde su máximo histórico. En agosto de 2021, el bitcoin supera los 50.000 dólares tras caer por debajo de los 29.000 dólares en junio de 2021.

El 24 de enero de 2022, tras la caída de las acciones tecnológicas estadounidenses, el bitcoin cayó a casi 33.000 dólares, una caída de más del 50% desde su máximo histórico de 68.992 dólares en noviembre de 2021.

El fundador de Binance, Changpeng Zhao, declaró a The Guardian en junio de 2022 que el bitcoin podría permanecer por debajo del máximo de 69.000 dólares durante los próximos dos años.

En junio de 2022, Bitcoin alcanzó los 17.000 dólares, tras un desplome provocado por la caída de los mercados mundiales, el aumento de los tipos de interés oficiales por parte de los bancos centrales de los países desarrollados (excepto Japón) y el temor a una recesión.

El 24 de noviembre de 2023, Bitcoin subió significativamente, alcanzando un máximo de 18 meses de 38.200 dólares. La subida se produjo tras una reunión entre BlackRock, la mayor gestora de activos del mundo, y la Comisión del Mercado de Valores de Estados Unidos (SEC) para debatir la creación de un fondo cotizado en bolsa (ETF) de Bitcoin Spot.

Normas prudenciales para los bancos

Bitcoin (y otras criptodivisas) no están vinculadas a ningún activo subyacente. En 2021, según las normas del Comité de Basilea, los bancos deberán mantener un capital al menos igual a sus exposiciones al bitcoin u otros criptoactivos no vinculados a un activo tradicional (dólar u otros). Es probable que se realice otra consulta pública sobre los requisitos de capital antes de que se publiquen las normas definitivas.`

Anomalías de la volatilidad, manipulación del precio del Bitcoin

Según un estudio publicado el 4 de septiembre de 2020, la gran volatilidad de los precios del bitcoin no se debe únicamente a las estrategias de compraventa de los especuladores habituales.

Este estudio se basa en la Ley de Benford, la ley estadística que describe la distribución de números primos en datos naturales. Un nuevo análisis de los precios de cierre diarios de Bitcoin durante 10 años (2010-2020) concluyó que el precio de Bitcoin fue manipulado artificial y fraudulentamente, muy probablemente en 2013, 2018 y 2019. Según este trabajo, tales manipulaciones, *a priori*, solo pueden ser implementadas por actores poderosos (fondos de cobertura y/o gobiernos).

Diseño

Qué hace especial a Bitcoin

Debemos distinguir claramente entre Bitcoin, la criptomoneda, y el sistema de pago Bitcoin. En ambos aspectos, Bitcoin se diferencia de los sistemas preexistentes en lo siguiente:

- A diferencia de otras monedas, Bitcoin no es la encarnación de la autoridad de ningún estado, banco o corporación. El valor del bitcoin viene determinado enteramente por el uso económico que se haga de él y por el mercado de divisas. Las normas de emisión de la moneda vienen determinadas exclusivamente por el código abierto del software Bitcoin;

- Como sistema de pago, Bitcoin es único en el sentido de que no requiere el uso de una infraestructura centralizada que lleve la cuenta de las cantidades depositadas para garantizar las transacciones. La función de garantía y verificación sí existe, pero se asigna cada diez minutos aproximadamente a un ordenador de la red elegido al azar en función de su potencia;

- Bitcoin se basa en un protocolo criptográfico diseñado, en particular, para resolver el problema del *doble pago*, que hasta entonces había impedido la aparición de este tipo de moneda, y para evitar la falsificación de los identificadores de las partes implicadas y del valor de las existencias de bitcoins en monederos electrónicos identificados por una dirección determinada.

Principio monetario

Desde el punto de vista monetario, el bitcoin se diferencia de otras monedas en que el agregado monetario no está diseñado para adaptarse a la producción de riqueza.

El importe total y el ritmo de emisión de las unidades se introducen explícitamente en el código informático del programa, utilizando una regla matemática del tipo serie geométrica.

Los bitcoins se emiten de forma lenta y constante, en cantidades decrecientes, hasta alcanzar un máximo de 21 millones alrededor del año 2140.

Todas las monedas fiduciarias experimentan inflación, que varía de baja a alta en función de las políticas aplicadas por sus bancos centrales. En cambio, es probable que Bitcoin acabe sufriendo deflación, porque la cantidad máxima de bitcoins que pueden crearse está fijada de antemano en 21 millones. Además, los bitcoins perdidos por los usuarios nunca se repondrán. Por eso la comunidad de sus creadores considera el proyecto Bitcoin como un experimento original en términos económicos, que constituye una especie de ensayo de las tesis monetarias de la escuela austriaca de economía. De hecho, en 1976, Friedrich Hayek, Premio Nobel de

Economía, abogó por el restablecimiento del libre
albedrío monetario en su libro *Por una verdadera
competencia monetaria*. El éxito o fracaso de Bitcoin es
difícil de predecir.

Escalabilidad del protocolo

**Un límite de 1 MB por bloque para evitar ataques
malintencionados**

El 14 de julio de 2010, poco después del lanzamiento del
sistema Bitcoin, Satoshi Nakamoto creó un límite de 1 MB
por cada nuevo bloque creado cada diez minutos en la
blockchain de bitcoin.

En aquel momento, las transacciones eran gratuitas
porque había muy pocas, y a los desarrolladores les
preocupaba legítimamente que los atacantes pudieran
"spamear" la red de transacciones, creando
arbitrariamente bloques enormes e inflando
permanentemente el tamaño de la blockchain. Este límite
pretendía evitar este tipo de ataques hasta que se
encontrara una solución mejor. Satoshi Nakamoto había
propuesto una solución que consistiría en aumentar el
tamaño de los bloques a determinadas alturas,
incrementando de hecho el límite a un ritmo
predeterminado similar a la forma en que se emiten
nuevos bitcoins.

La escalabilidad del sistema Bitcoin ha sido una fuente constante de debate en la comunidad desde que se introdujo este límite de tamaño de bloque. Este límite de 1 MB, diseñado inicialmente para limitar a siete el número de transacciones por segundo, no suponía ningún problema en un momento en el que el número real de transacciones apenas superaba las 2,3 por segundo (2010). Por tanto, siete transacciones por segundo triplicaban el volumen del día de mayor actividad de bitcoin en aquel momento, lo que dio a los desarrolladores años para encontrar una solución mejor. Además, el protocolo preveía introducir comisiones por transacción con el tiempo, lo que haría más costoso e ineficaz este tipo de ataque.

Saturación de la capacidad de integración de transacciones

A partir de 2014, el éxito del sistema Bitcoin propició un aumento constante del número de transacciones, que acabó alcanzando el límite de 1 MB en 2016. Un desarrollador, Gavin Andresen, propuso inicialmente bloques de 20 MB, pero este aumento fue considerado demasiado agresivo por la comunidad. Otra propuesta, BIP101, proponía aumentar el tamaño de los bloques un 40% al año a partir de 8MB, lo que llevó a la creación de una nueva criptodivisa, diferente del bitcoin, llamada Bitcoin XT. Otras propuestas han incluido BIP100 con un tamaño de bloque de 2MB que dio lugar a la criptodivisa Bitcoin Classic y enfoques más agresivos de "consenso emergente" que permiten a los usuarios "votar" por el mejor tamaño de bloque en cada momento a través de Bitcoin Unlimited. Otros miembros de la comunidad han preferido no aumentar el tamaño de los bloques, sino cambiar el propio protocolo para que se puedan incluir más transacciones en un bloque reduciendo su tamaño o aumentando la frecuencia con la que se crean nuevos bloques.

Cuando el número de transacciones alcanzó el límite de tamaño de bloque, el conjunto de transacciones pendientes de validación se saturó. La única forma de que un usuario consiguiera que una transacción determinada entrara más rápido en la cadena de bloques era aumentar las comisiones por transacción, que alcanzaron casi los 5 dólares a finales de 2016. Esto hizo que Bitcoin dejara de ser competitivo con servicios existentes como Western Union o Paypal sobre la base estricta de la velocidad y el coste.

Compromiso del acuerdo de Nueva York

El estancamiento del debate sobre la escalabilidad ha debilitado el sistema Bitcoin Core y ha provocado el creciente éxito del voto a favor del movimiento Bitcoin Unlimited, sobre todo entre los mineros, debido en gran parte a la frustración por la falta de soluciones reales de escalabilidad. El enfoque del equipo de desarrollo, conocido como *segwit (testigo segregado)*, que consiste en no aumentar el límite de tamaño de los bloques, sino en particionar las firmas digitales de las transacciones de forma diferenciada en "bloques de extensión", no ha conseguido el consenso suficiente.

Se alcanzó un compromiso en un consenso de la industria en 2017 llamado Segwit2x, que combinaba la propuesta *de testigo segregado* con un aumento del tamaño de bloque a 2MB. Esta propuesta se implementa el 1 de agosto de 2017 para el testigo *segregado* y el aumento del tamaño de bloque entra en vigor en noviembre de 2017 en el bloque 494.784, y supone una importante actualización del sistema Bitcoin Core.

No obstante, el debate sobre la escalabilidad sigue vivo y un grupo escindido aumentó unilateralmente el tamaño de bloque a 8 MB al tiempo que rechazaba la propuesta *Segwit* el 1 de agosto de 2017. Esta decisión dio lugar a la aparición de una nueva criptomoneda llamada Bitcoin Cash. La probabilidad de que otro grupo decida implementar el testigo *segregado* sin aumentar el tamaño de bloque en noviembre de 2017 puede dar lugar a la aparición de otra criptodivisa, paralela a Bitcoin Cash y Bitcoin Core y cuyos bloques serían rechazados tras la actualización del protocolo Bitcoin Core.

Bitcoin XT (creada en agosto de 2015), Bitcoin Unlimited (creada en enero de 2016), Bitcoin Classic (creada en febrero de 2016 antes de ser descatalogada en noviembre de 2017), Bitcoin Cash (creada en agosto de 2017) y Bitcoin Gold (creada en octubre de 2017) son criptomonedas alternativas a Bitcoin (también conocida como Bitcoin Core).

Cómo funciona

Principio

Bitcoin no existe independientemente del sistema de pago Bitcoin, que permite realizar transacciones de una cuenta a otra mediante un software llamado *monedero*, con la autoridad que proporciona un software de verificación llamado *minero*. Los datos de todas las transacciones forman un registro público de derecho privado llamado *blockchain* por su estructura, y un agente utiliza Bitcoins registrando sus transacciones en la blockchain del sistema Bitcoin, dicho registro hace referencia a transacciones anteriores.

El sistema Bitcoin está basado en ordenadores, lo que significa que reside en Internet. Descargando e instalando el software adecuado, el usuario puede convertirse en usuario de Bitcoin interactuando con un dispositivo de su elección, como un smartphone o un ordenador. Para pagar o ser pagado en Bitcoin, el usuario debe conectarse al sistema, que ofrece dos funcionalidades: la creación de cualquier número de cuentas y la posibilidad de realizar transacciones que impliquen la transferencia de Bitcoins de la cuenta propia a la cuenta de un tercero.

La función esencial del sistema Bitcoin reside en las transacciones, que se someten a un control de validez por parte de los ordenadores competentes y se inscriben irrevocablemente en un registro público. Este registro público, o blockchain, puede ser consultado en cualquier lugar por cualquier persona con una conexión Bitcoin. No es posible ninguna alteración durante la consulta. Una transacción bitcoin tiene lugar en dos etapas:

1. Para empezar, los nodos dedicados de la red (conocidos como "mineros") crean un nuevo bloque agrupando las transacciones completadas recientemente y adjuntando una cabecera que contiene la fecha y la hora, una suma de comprobación ("hash") que también servirá como identificador único del bloque, y el identificador del bloque anterior;

2. En segundo lugar, tras comprobar que todas las transacciones contenidas en el nuevo bloque son válidas y coherentes con las ya registradas, cada minero lo añade a su versión local del registro (o blockchain).

El registro público se copia en varias copias. El historial completo de todas las transacciones puede entonces leerse consultando todos los nodos de la red que gestionan (es decir, tienen acceso a) una copia de la blockchain. La copia puede revelar cualquier diferencia entre los archivos, en caso de desacuerdo. En este caso, cualquier diferencia entre estas copias debe ser resuelta por el software de acceso.

Estas son algunas de las características de Bitcoin:

- Sus *funciones* se implementan mediante programas informáticos disponibles en forma de software libre;

- el usuario *elige* su papel en el sistema y el software que utiliza;

- Por su diseño, la *autoridad de confianza del sistema no está centralizada*, sino distribuida entre los ordenadores responsables de construir y mantener la cadena de bloques.

Transacciones

Las transacciones implican cargos en determinadas cuentas y abonos en otras.

Se componen de *entradas* y *salidas*. Cada salida contiene un importe y la clave pública de la dirección acreditada, o más generalmente un programa (un script) que permite transferir el importe de esta salida a otra transacción. Cada entrada designa una salida de una transacción anterior e incluye un programa (*script)* que proporciona los datos esperados por el script contenidos en esta salida. La suma de los valores de salida debe ser inferior o igual a la suma de los valores de entrada, y la diferencia constituye la remuneración del minero.

Cuando se confirma una transacción, se ejecutan las secuencias de comandos de cada entrada; primero la secuencia de comandos de la propia entrada y, a continuación, la secuencia de comandos de la salida anterior a la que hace referencia la entrada. La transacción sólo se confirma si el resultado es "verdadero" para todas las entradas.

Estos scripts están escritos en un lenguaje interno diseñado por Nakamoto. Este lenguaje es deliberadamente minimalista y no es Turing-completo, para evitar que el sistema entre en bucles infinitos. El uso de scripts debería permitir que el software se adapte fácilmente a futuros desarrollos y admita funciones avanzadas, como transacciones con varias firmas o contratos inteligentes.

Las transacciones realizadas por un nodo se difunden a sus vecinos. Estos últimos validan las transacciones que reciben y las agrupan progresivamente en un pool local antes de transmitirlas a sus propios vecinos. Las transacciones válidas se distribuyen así a todos los nodos de la red, tras ser comprobadas de nuevo en cada etapa.

Antes de registrar definitivamente una transacción en la blockchain, la red realiza una serie de comprobaciones, entre ellas, en particular, que las salidas referenciadas por las entradas existen y aún no han sido utilizadas, que el autor de la transacción es el titular de la dirección acreditada en dichas salidas, y que la suma de los importes que aparecen en las salidas de la transacción es inferior o igual a la suma de los importes de las salidas referenciadas por las entradas.

La inclusión de una transacción en la cadena de bloques tiene el efecto de prohibir cualquier referencia futura a las salidas designadas por las entradas de esta transacción y, por tanto, impide que el importe de estas salidas se gaste dos veces, lo que equivaldría a crear bitcoins ex nihilo de forma no autorizada. La única creación autorizada de bitcoin ex nihilo es a través de una transacción especial denominada Coinbase que se inserta al principio de cada bloque de la cadena para remunerar al minero que insertó el bloque.

Una transacción es tenida en cuenta instantáneamente por la red y confirmada una primera vez al cabo de unos 10 minutos. Cada nueva confirmación refuerza la validez de la transacción en el registro de transacciones.

Direcciones

Cada usuario puede tener cualquier número de direcciones que crea a través de su *monedero*. Cada dirección bitcoin está asociada a un par de claves pública-privada.

Una dirección equivale a la huella criptográfica de 160 bits (es decir, 20 bytes) de su clave pública. Por tanto, hay un máximo de 2 direcciones bitcoin posibles, es decir, aproximadamente 10 (a modo de comparación, hay aproximadamente 10 moléculas de agua en la Tierra, lo que también representa 2 × 10 direcciones disponibles por mm de superficie terrestre). Una dirección bitcoin también tiene un prefijo que identifica el número de versión (0 por defecto) y una suma de comprobación de cuatro bytes. En total, una dirección bitcoin ocupa 25 bytes.

Una dirección se representa en formato ASCII mediante una codificación específica de 58 caracteres alfanuméricos: los dígitos y las letras mayúsculas y minúsculas del alfabeto latino básico, a excepción del número 0 y las letras *O* mayúscula (se permite la *o* minúscula), *I* mayúscula (se permite la *i* minúscula) y *l* minúscula (se permite la *L* mayúscula), que Nakamoto excluyó por su similitud en determinados tipos de letra.

Por ejemplo, ésta es la primera dirección bitcoin que recibió bitcoins: 1A1zP1eP5QGefi2DMPTfTL5SLmv7DivfNa.

Para utilizar la suma contenida en la salida de una transacción existente acreditando una dirección bitcoin, el usuario debe utilizar la clave privada correspondiente a la dirección en la entrada de una transacción firmando la transacción. La red comprueba la validez de esta firma utilizando la clave pública asociada a la dirección acreditada, mediante técnicas de criptografía asimétrica. La operación se repite para cada entrada de la transacción.

Cartera

El monedero, más comúnmente conocido como *wallet,* contiene una representación de los datos y entradas registrados en la blockchain por su propietario. Contiene la lista de transacciones realizadas, así como una o varias claves públicas utilizadas como referencia para los movimientos de las transacciones. También se almacena una clave privada única. Es esta clave la que da acceso a los fondos e interactúa con la blockchain.

La analogía con una cartera en línea sería ver la clave pública como el identificador y la clave privada como el código secreto.

Las principales funciones del monedero son crear cuentas, ver, construir y enviar transacciones.

Existen programas monedero para todo tipo de dispositivos, incluidos los smartphones. Difieren en el alcance de sus funciones auxiliares y en su ergonomía. También existen soluciones de monedero físico.

La información contenida en el monedero debe estar estrictamente protegida contra cualquier intrusión. Sólo el poseedor de la clave privada debe poder acceder a ella. Si la clave privada se pierde, el usuario ya no puede manejar los bitcoins a los que hace referencia. En 2013, un usuario perdió 7.500 bitcoins, por valor de 7,5 millones de dólares en aquel momento, cuando tiró accidentalmente el disco duro que contenía su clave privada.

El descubrimiento de la clave privada de una cuenta por otro usuario permite a éste usurpar la identidad del titular legítimo de la cuenta y gastar los bitcoins que pueda haber en ella, lo que equivale a un robo de bitcoins.

Minería

El funcionamiento de Bitcoin depende de la minería, que consume mucha energía, 125 TWh de electricidad al año en 2023, más de lo que producen la mayor presa del mundo (la presa de las Tres Gargantas) o las 25 presas del Grande Dixence.

En este caso, la "minería" consiste en ensamblar las transacciones en "bloques", añadiendo una cabecera que indica el tamaño del bloque, el número de transacciones registradas, la fecha y la hora, una suma de comprobación ("hash") que impide cualquier modificación del bloque y sirve también de identificador único del bloque, así como del identificador del bloque anterior.

Los mineros incluyen una transacción específica en los bloques que crean, que les acredita con un determinado número de bitcoins creados para este fin, e incluye comisiones específicas por transacción. Sin embargo, esta remuneración sólo será efectiva si el bloque es aceptado definitivamente en la blockchain por los demás nodos. Es esta creación de moneda la que explica el uso del término "minería", por analogía con la extracción de oro.

Un bloque puede contener cualquier número de transacciones, generalmente entre 1.000 y 2.000, aunque el tamaño del bloque no puede superar 1 megabyte (para el sistema Bitcoin Core).

Dentro de un bloque, las transacciones se almacenan en forma de árbol de Merkle.

La suma de comprobación (o huella digital) del bloque se calcula aplicando dos veces un hash SHA-256 al sextuplete:

- el número de versión del software ;

- la huella digital de la cabecera del bloque anterior ;

- de la raíz del árbol de transacciones del bloque (que a su vez es una huella indirecta de todas las transacciones del bloque);

- la marca de tiempo (tiempo transcurrido desde el 1 de enero de 1970 0 h, en segundos) ;

- el principio de "dificultad";

- del nuncio.

El cálculo de esta huella dactilar se dificulta intencionadamente mediante el requisito de estar por debajo de un determinado valor (la "dificultad"), que se materializa mediante una representación binaria que comienza con un determinado número de ceros. Para ello, la huella digital contiene entre sus componentes un número arbitrario de 32 bits, el "nonce".

Aunque se conozcan las huellas dactilares correspondientes a determinados nonces, el hash hace imposible determinar el valor de la huella dactilar para un nuevo nonce sin ejecutar de nuevo el algoritmo. Por lo tanto, sólo es posible encontrar el nonce que cumpla el requisito de un límite en el valor de la huella digital realizando varios intentos.

Para un valor de nonce determinado, la probabilidad de calcular una huella inferior a la dificultad es muy baja, por lo que deben realizarse muchos intentos antes de conseguirlo. Entre 2014 y 2016, el número medio de nonces que cada minero tuvo que probar entre cada creación de bloque pasó de 1.000 millones a 200.000 millones. Este cálculo implica realizar el mismo cálculo un número muy elevado de veces utilizando datos diferentes, por lo que se presta bien a la computación paralela.

La dificultad se reajusta cada 2016 bloques para tener en cuenta la potencia de cálculo real de la red, de modo que, por término medio, pueda añadirse un bloque cada 10 minutos. Esto significa que el tiempo probable de cálculo de una huella dactilar válida es de 10 minutos para el ordenador o grupo de ordenadores más potentes de la red.

Este sistema de prueba de trabajo y encadenamiento de bloques por su huella digital hace prácticamente imposible cualquier alteración de la cadena de bloques (salvo en el caso de un ataque del 51%). Un atacante que quisiera modificar una transacción en un bloque determinado tendría que recalcular su suma de comprobación y la de todos los bloques posteriores. Como la dificultad aumenta con el tiempo, al igual que el número de bloques posteriores a la transacción modificada (su grado de confirmación), el tiempo necesario para realizar una modificación de este tipo aumenta muy rápidamente.

Cuando un minero ha construido un bloque válido cuya suma de comprobación satisface la condición de dificultad, lo distribuye a los nodos vecinos, que comprueban su validez antes de volver a distribuirlo. A los mineros se les paga por su trabajo en bitcoin. El pago se conoce como recompensa por bloque. La recompensa por bloque actual es de 6,25 bitcoins. Esta recompensa se reduce a la mitad cada 210.000 bloques.

Los bloques válidos se distribuyen así a todos los nodos de la red, no sin antes ser comprobados, pero sin poder ser modificados. A partir del nonce incluido en la cabecera, es fácil y rápido comprobar la validez del bloque (se puede establecer un paralelismo simplista con un juego de sudoku: resolverlo es difícil y requiere tiempo y cálculo humano, pero comprobarlo es muy fácil una vez encontrada la solución).

¿Por qué es tan alto el consumo de electricidad?

El elevadísimo consumo energético de Bitcoin está relacionado con el sistema de minería de nuevos bloques, que utiliza pruebas de trabajo para proteger el sistema del fraude en ausencia de una autoridad central. La seguridad se basa en un problema matemático difícil de resolver e inherentemente costoso. Para tener la oportunidad de añadir el siguiente bloque a la cadena, los mineros tienen que hacer grandes inversiones en granjas de servidores que les garanticen el acceso a una gran potencia de cálculo. Estas granjas consumen mucha electricidad para alimentar y refrigerar los servidores.

Para registrar un nuevo bloque en la blockchain, los mineros deben resolver un problema matemático sometido a todos los que compiten, y es el primero en encontrar una solución el que procede al registro y gana una recompensa en bitcoins. Como la solución sólo puede encontrarse por ensayo y error, el minero que sea capaz de hacer más intentos tiene más posibilidades de ganar. La dificultad del problema se ajusta para que el tiempo de cálculo necesario para resolverlo sea de unos 10 minutos.

La magnitud del consumo de energía está vinculada a la intensidad de los cálculos y al hecho de que éstos sean realizados simultáneamente por un gran número de mineros. También está relacionado con el precio del Bitcoin, ya que cuanto más alto sea el precio, mayor será la recompensa y mayor el número de mineros. Esto nos recuerda la predicción de Henry Ford a principios del siglo XX: "Una moneda energética sustituirá al oro y pondrá fin a las guerras".

¿Cómo evolucionará el consumo de electricidad?

Según Fabrice Flipo y Michel Berne, del Institut Mines-Télécom, el uso generalizado de criptomonedas podría provocar un consumo de energía ocho veces superior al consumo eléctrico de Francia, o dos veces el de Estados Unidos, porque su seguridad y la confianza que tenemos en ellas se basan en un problema matemático cuya respuesta es difícil de encontrar y cuya resolución es intrínsecamente costosa.

En 2020, la optimización de los equipos y el progreso técnico harán que sólo se necesiten 417 MW, lo que aún requeriría casi 5.500 kWh para producir un bitcoin, o la mitad del consumo anual de electricidad de un hogar estadounidense.

Según Nicolas Houy, investigador del grupo de teoría y análisis económico de Lyon/Saint-Étienne, "una gran cantidad de dinero podría muy bien ser gestionada por un pequeño número de mineros".

Agrupación de menores

La dificultad de la minería ha llevado a los mineros a formar cooperativas (*mining pools*) para combinar sus recursos informáticos y construir nuevos bloques más rápidamente. La remuneración correspondiente a la creación de cada bloque se divide entonces proporcionalmente entre los miembros, previa deducción de las tasas, lo que suaviza sus ingresos y los hace menos aleatorios. En 2016, una decena de estas cooperativas suministraron el 95% de los bloques. Están situadas principalmente en China (donde se concentra la mayor parte de la energía de hashing de la red bitcoin), pero también en la República Checa y Georgia.

La remuneración de las actividades mineras ha llevado al desarrollo de tecnologías cada vez más especializadas. El hardware más eficiente utiliza circuitos integrados que superan el rendimiento de los procesadores de propósito general y, al mismo tiempo, consumen menos energía. En 2015, un minero que no utilizara hardware específicamente diseñado para la minería tenía pocas probabilidades de cubrir sus costes de electricidad y hardware, incluso si se unía a una cooperativa minera.

Rusia

En agosto de 2017, una persona cercana al presidente ruso dijo que quería recaudar 100 millones de dólares para financiar la "minería", con el fin de competir con China.

Irán

Irán elude las sanciones utilizando criptoactivos como el bitcoin en lugar del dólar.

En 2021, el 4,5% de la minería de bitcoins habría sido realizada por Irán.

Blockchain

La cadena de bloques del sistema Bitcoin es como un libro de contabilidad público que registra las transacciones. Existe en más de 10.000 copias gestionadas en paralelo por los nodos de la red, ninguno de los cuales desempeña un papel privilegiado. Algunas copias del registro se almacenan en zonas protegidas de cualquier cataclismo, como en un búnker bajo las montañas en Suiza, por ejemplo.

El operador de cada nodo de la red puede decidir instalar un "*nodo completo*", que construye y mantiene una copia local de la cadena de bloques. También puede optar por un *nodo ligero,* que recurrirá a los nodos completos vecinos para validar las transacciones mediante el protocolo SPV (*verificación simple de pagos*).

Como estas decisiones están totalmente descentralizadas, es imposible conocer el número de nodos de cada tipo. La única población contabilizada permanentemente por sitios especializados como *blockchain.info* o *bitnodes* es la de los "nodos de escucha" que, en el momento de la medición, aceptan transacciones y bloques de otros nodos. Su número ronda los 10.000.

Es probable que los nodos de la red se cuenten por decenas de miles. En cuanto a los nodos completos, cuyo número corresponde al número de copias de la blockchain, las estimaciones oscilan entre 5.000 y 30.000, ubicados en 85 países de todos los continentes.

Esta redundancia garantiza la continuidad del servicio. Cada ordenador puede desconectarse o averiarse sin poner en peligro el sistema; cuando vuelve a estar operativo, el protocolo de construcción de blockchain que alberga reconstruye automáticamente la parte que falta, utilizando nodos vecinos.

Mientras tengan acceso a Internet, los usuarios siempre encontrarán un nodo de la red que acepte y retransmita una publicación, y entonces habrá un gran número de mineros y nodos completos, repartidos por todo el mundo, para registrarla y hacerla accesible en la blockchain, donde siempre permanecerá accesible desde cualquier punto del mundo con acceso a Internet, sin poder ser modificada.

Esta misma redundancia, combinada con el "principio de precaución" por el que cada nodo de la red comprueba la validez de la información que recibe antes de utilizarla, hace imposible que se propaguen las entradas fraudulentas. Los errores y fraudes siguen siendo posibles en un ordenador concreto, ya sean obra del operador del sitio o de un hacker que lo manipule; incluso es posible que se propaguen localmente por contagio o connivencia. Pero es prácticamente imposible que se extienda a un porcentaje significativo de las copias de la blockchain, por no hablar de toda la red.

Construir la cadena de bloques

Al recibir un nuevo bloque, cada ordenador que gestiona un nodo completo ejecuta un protocolo que rechaza el bloque (si ya se ha recibido o si no es válido), lo añade a la cadena de bloques local tras una última comprobación de las entradas que contiene, o lo pone en espera.

Cada bloque contiene el identificador del bloque que lo precede en la cadena de bloques de su minero y, en el caso más común, este predecesor es el bloque terminal de la cadena local, al que se añade el nuevo bloque tras una comprobación final de su validez. Las transacciones contenidas en este nuevo bloque son entonces validadas por el nodo, en particular el que paga en bitcoins al minero que creó el bloque. A continuación, el bloque se transmite a los nodos vecinos y, paso a paso, a toda la red. Si no se comprueba la validez del bloque, se pone en espera y se incorporará a una rama secundaria de la blockchain.

Si el nodo recibe un nuevo bloque que contiene una entrada ya presente en la cadena local, este bloque es rechazado. Por tanto, es el primer bloque válido recibido que cada nodo introducirá en su blockchain. Los bloques idénticos construidos por otros mineros en el mismo ciclo de 10 minutos serán rechazados, por lo que los mineros compiten para que sus bloques se añadan a la cadena y se les pague en consecuencia.

Debido al retardo necesario para propagar los bloques a través de la red, dos bloques creados en el mismo ciclo pueden llegar en un orden diferente a nodos receptores distintos, que entonces construyen versiones diferentes del registro. Esto se conoce como bifurcación. La mayoría de las veces, una bifurcación es temporal y el protocolo de construcción del blockchain la corrige en el siguiente ciclo.

Para garantizar que todas las copias de la cadena de bloques sean idénticas en todos los nodos, aunque se construyan de forma independiente, este protocolo incorpora un mecanismo de "consenso", que es un elemento central del sistema. La regla utilizada por Bitcoin consiste en seleccionar la cadena que ha requerido más trabajo para construir los bloques que la componen. Para ello, en la cabecera de cada bloque se indica la dificultad del trabajo necesario para su construcción. El hecho de que la suma de comprobación del bloque respete las restricciones impuestas constituye la "prueba de trabajo" que garantiza que el trabajo se ha realizado efectivamente.

Si, después de añadir un bloque a una cadena secundaria, resulta que esta cadena secundaria ha necesitado más trabajo que la cadena principal, esta cadena secundaria debe convertirse en la rama principal. Para ello, el programa vuelve al punto en el que se separó de la rama principal, revalida uno a uno los bloques y las entradas que contienen, y añade cada bloque al final de la nueva cadena que se está construyendo si se satisfacen estas comprobaciones, abandonando este proceso al primer error.

Este complejísimo proceso es el verdadero corazón del sistema, ya que es la única forma de modificar la blockchain y sus resultados son irreversibles. También realiza funciones como resolver bifurcaciones en la cadena y reconstruirla si el ordenador o la red se caen.

Al final de esta segunda fase, cada una de las miles de copias de la blockchain que existen en los nodos completos se ha ampliado con un bloque elegido por cada nodo entre las propuestas de los mineros aplicando la regla de consenso programada. Si todos los nodos completos aplican las mismas reglas de validación de entradas y bloques, este bloque adicional es el mismo para todos los nodos, por lo que todas las copias de la blockchain siguen siendo idénticas. De este modo, varios miles de nuevas entradas quedan registradas de forma permanente y pasan a ser accesibles en los miles de sitios correspondientes.

El papel de la criptografía

Se utiliza para autenticar a los jugadores: sólo se cifra la firma, no los datos digitales.

Claves de firma

Para ser válida, cada transacción debe estar firmada, en el sentido criptográfico del término, utilizando técnicas de criptografía asimétrica. Para ello, cada dirección bitcoin es también la huella criptográfica de una clave pública. La entrada de cualquier transacción es la referencia de una transacción anterior que justifica la disponibilidad de los fondos implicados en la transacción, y la salida es una o más direcciones bitcoin y las cantidades que se les asignarán. Una transacción siempre equilibra sus entradas y salidas.

Para transmitir bitcoins, un usuario debe firmar criptográficamente una transacción que haga referencia a una o varias transacciones anteriores cuyo importe de salida sea suficiente para cubrir la transacción. La clave privada utilizada para firmar esta transacción debe corresponder a la clave pública que previamente recibió bitcoins. Por tanto, el usuario debe almacenar todas sus claves privadas de forma confidencial y segura. El archivo correspondiente en el software, llamado *wallet.dat*, debe ser conservado y guardado confidencialmente por el usuario.

La criptografía permite la autenticación y el no repudio descritos anteriormente, gracias a las firmas de las transacciones y a las funciones unidireccionales. En ningún momento el sistema garantiza la confidencialidad o el cifrado de los datos transmitidos por la red. Por tanto, todas las transacciones se realizan *sin cifrar*.

Las transacciones se firman utilizando criptografía de curva elíptica, conocida como ECDSA. En este caso, la curva utilizada es *secp256k1*.

Transparencia

Aunque el software no utilice ningún dato personal del usuario, el anonimato no está garantizado: la identidad de un usuario puede determinarse si éste lo descubre voluntariamente, si su dirección IP es rastreable, o posiblemente tras un meticuloso y complejo estudio estadístico de la base de datos de transacciones, o cuando la normativa de un Estado o grupo de Estados adopte medidas legales para acabar con el anonimato de las transacciones en las plataformas de monedas virtuales. El anonimato en la red Bitcoin es posible gracias a ciertos servicios de "mezcla" y a un buen conocimiento de las medidas AML y KYC aplicadas a las plataformas de intercambio.

El sistema Bitcoin no encripta ninguno de los datos que utiliza. La criptografía sólo se utiliza para crear firmas infalsificables y para implementar funciones unidireccionales. Sólo es probable que el monedero de la clave privada sea encriptado por el usuario, pero esto es opcional, es responsabilidad exclusiva del usuario y no forma parte de las especificaciones del sistema: la confidencialidad puede ser responsabilidad del sistema operativo o de un software de encriptación adecuado, como ocurre con cualquier otro archivo.

Prueba de trabajo

Bitcoin utiliza el método de prueba de trabajo, ideado originalmente para resolver el problema del spam e implementado en particular en el sistema Hashcash. Los algoritmos hash son SHA-256 y RIPEMD-160. Se utiliza un hash doble en SHA-256 para obtener el hash de los bloques y, por tanto, la prueba de trabajo, mientras que para construir las direcciones bitcoin se utiliza un SHA-256 seguido de un RIPEMD-160.

Aspectos monetarios

Unidades

La unidad de cuenta del sistema Bitcoin es el bitcoin, simbolizado por las expresiones BTC, XBT y " ".

El bitcoin también puede subdividirse, por ejemplo, en millibitcoin (mXBT), microbitcoin (µXBT o *"bit"*) o satoshi (que representa 10 nanobitcoins; 10nXBT).

Tras una propuesta de adición, en noviembre de 2015 el consorcio Unicode aceptó el bitcoin como uno de sus caracteres, asignándole el código 20BF.

Características especiales

Como moneda virtual, el bitcoin tiene algunas características especiales:

1. En cuanto a la regulación, la ausencia de un estatuto jurídico y de un marco regulador hace

que las monedas virtuales no ofrezcan ninguna garantía de precio ni de liquidez. La limitación voluntaria del número de unidades emitidas sin indexación conlleva un riesgo de especulación y, por tanto, una elevada volatilidad;

2. Desde el punto de vista de la transparencia, la encriptación de la identidad de los beneficiarios y los ordenantes hace que las transacciones sean anónimas. Las transacciones se inscriben en un registro público, pero con una trazabilidad limitada, ya que no se puede identificar ni al ordenante ni al beneficiario. Esta trazabilidad no es ni segura ni sistemática, ni técnica ni jurídicamente explotable;

3. En términos de extraterritorialidad, los protagonistas, los servidores y las personas físicas o jurídicas que los operan pueden estar situados en países y territorios cuya cooperación puede ser difícil de obtener.

4. una transacción ilícita es irrevocable.

Los terminales de cambio permiten canjear la moneda virtual bitcoin por moneda de curso legal, del mismo modo que un cajero automático permite retirar efectivo de un banco. Para ello, estos terminales pueden tener en cuenta trámites de identificación basados en el control biométrico: toma de huellas palmares, escaneado de un documento de identidad y comparación de los rasgos faciales con la foto que aparece en su documento de identidad.

Prueba de propiedad

Un poseedor de bitcoins sólo puede acceder a ella a través de una dirección específica y su clave privada (que es una contraseña, esencial para la firma de cualquier transacción). La red coteja la validez de la clave privada con la clave pública del usuario, utilizando técnicas de criptografía asimétrica.

En cambio, para realizar un depósito sólo es necesario conocer la clave pública de una dirección. En Francia, esta nueva forma de propiedad ha suscitado debates sobre una reforma jurídica que le proporcione un marco sin obstaculizar la innovación.

Transacciones y gastos

Transacciones

Los bitcoins de diferentes transacciones no pueden agruparse. Un usuario que reciba varios pagos guardará en su monedero otras tantas cantidades diferentes (denominadas datos de entrada), aunque su software las muestre todas juntas para facilitar su lectura. Cuando el

usuario quiera gastarlos, el software calculará el mejor
conjunto de datos de entrada para transferirlos con el fin
de minimizar el tamaño de los datos de salida y limitar así
los costes de transacción.

- *Ejemplo*: un usuario recibe 13 pagos de 1 x 2,3
  XBT, 5 x 1,0 XBT, 2 x 0,7 XBT, 1 x 0,5 XBT, 1 x 0,3
  XBT, 2 x 0,2 XBT y 1 x 0,1 XBT. Su software le dirá
  entonces que tiene 10,0 XBT.

- *(Caso 1)*: cuando quiera gastar 3,0 XBT, el mejor
  conjunto de datos de salida será combinar los 2,3
  XBT y los 0,7 XBT recibidos anteriormente.

- *(Caso 2)*: si quisiera gastar 3,05 XBT, el mejor
  conjunto de datos de salida sería combinar los 2,3
  XBT con los 0,7 XBT recibidos anteriormente y
  dividir la transacción de 0,1 XBT en una
  transacción de salida de 0,05 XBT, manteniendo la
  otra fracción transaccional de 0,05 XBT en la
  cartera.

Tasas

El pago de las tasas de transacción es teóricamente
opcional, pero los mineros determinan el orden en que se
procesan las transacciones en nuevos bloques en función
de las tasas de transacción ofrecidas por los usuarios.
Cuanto mayor sea la tarifa de transacción que un usuario
acepte pagar, más rápido se procesará la transacción. En

el caso de tarifas del mismo importe, se da prioridad a las transacciones más antiguas. Las transacciones realizadas sin tasas de transacción se procesan después de todas las demás; en la práctica, estas transacciones comienzan a procesarse por término medio a partir de 120 minutos hasta un tiempo potencialmente infinito.

Las tarifas de transacción más competitivas, que proporcionan una confirmación casi inmediata, entre 0 y 35 minutos de media, rondan los 80 satoshis/byte (0,000 000 80 XBT/byte). En 2016, por ejemplo, una transacción mediana de 265 bytes costaba unos 21.200 satoshis (menos de 0,11 euros), independientemente de la cantidad de bitcoins que se transfiriera.

Para desincentivar la proliferación de transacciones de poco valor, el programa aplica una comisión obligatoria de 0,000 1 XBT a cualquier transacción inferior a 0,01 XBT.

Cuanto mayor sea la cantidad de datos de entrada necesarios para completar una transacción, más tiempo se tardará en codificarla y mayores serán las comisiones, sin dejar de ser aceptables. El algoritmo de software de Bitcoin está diseñado para limitar la agregación de datos de entrada a cantidades inferiores a 0,01 XBT, con el fin de limitar las tasas de transacción obligatorias.

Si la cantidad de bitcoins a transferir es pequeña o si la transacción es reciente, sólo el pago de una tasa de transacción permitirá procesarla inmediatamente. A cada transacción se le asigna un orden de prioridad determinado por su importe, su antigüedad y su tamaño, que a su vez viene determinado por el número de datos de entrada agrupados. Más concretamente, el software calcula un cociente determinado por el número de bitcoins que deben transferirse multiplicado por la antigüedad de la transacción y dividido por el tamaño de los datos de entrada agrupados. Por debajo de un determinado cociente, la transacción no se procesará inmediatamente a menos que se pague una tasa de transacción.

- Si el usuario opta por no pagar una comisión por transacción, el cociente aumentará con el tiempo hasta que supere un valor umbral que desencadene el procesamiento de la transacción, que entonces se tramitará gratuitamente pero con retraso.

- Cuanto mayor sea el número de bitcoins a transferir, mayor será el cociente y más rápida o gratuitamente se procesará la transacción.

- Para transferir la misma cantidad de bitcoins, las transacciones con un número reducido de entradas se procesan más rápido que otras.

El software de Bitcoin generalmente calcula las tasas óptimas a pagar por la transacción a procesar en el momento de la transferencia. Estas comisiones varían en función del número de transacciones a procesar en el momento de la transferencia, pero son insignificantes en su conjunto. El usuario es el único que decide cuánto está dispuesto a pagar en concepto de tasas de transacción.

Creación de bitcoins

La creación de un nuevo bloque se recompensa con bitcoins creados a tal efecto.

El importe de esta recompensa se *reduce a la mitad* cada vez que se añaden 210.000 bloques de transacciones a la cadena de bloques:

- Desde la creación del primer bloque (bloque génesis) hasta el bloque 209.999 creado el 28 de noviembre de 2012, cada minero fue recompensado con 50 bitcoins de nueva creación por la creación de un nuevo bloque válido;

- Del bloque 210.000 al bloque 419.999, creados el 9 de julio de 2016, la recompensa fue de 25 bitcoins por cada bloque recién creado;

- Del bloque 420.000 al bloque 629.999, creados el 11 de mayo de 2020, la recompensa fue de 12,5 bitcoins por cada bloque recién creado;

- Del bloque 630.000 al bloque 839.999, la recompensa es de 6,25 bitcoins por cada bloque recién creado;

- etc.

Halvings

Cada cuatro años se produce una *reducción a la mitad*. Esta etapa (también conocida como "reducción a la mitad") reduce drásticamente la entrada de nuevos Bitcoins en el mercado y, por tanto, cambia el "sentimiento del mercado", una dimensión importante de la especulación financiera. Fue instituida por el inventor de Bitcoin para que el sistema Bitcoin fuera intrínsecamente deflacionista debido a una política monetaria según la cual el número total de Bitcoins se bloquearía en 21 millones, con el ritmo de creación de nuevas unidades tendiendo, mientras tanto, a cero.

Según la teoría económica, la escasez suele hacer subir los precios, y si la demanda de Bitcoin aumenta (o incluso se mantiene constante) se supone que el precio de Bitcoin subirá (por un simple efecto de escasez). Pero con el aumento de los costes de producción de Bitcoin, según Julien Riposo (del London Stock Exchange Group) "la liberación de nuevos Bitcoins será cada vez menos probable; esto podría quizás implicar un efecto de inflación, motivando a los criptointercambiadores a poseer más Bitcoins de los que permite el protocolo actual".

La economía de la minería también se ve afectada por la *división en dos*, ya que las recompensas por bloque se reducen a la mitad. Cada reducción a la mitad genera una fuerte caída de las recompensas mineras, que tienden a cero a medida que se encadena la serie de 210.000 bloques. El cero se alcanzará cuando se creen 20.999.999,976 9 bitcoins (alrededor de 2140, según las estimaciones). Así pues, para compensar los ingresos perdidos por los mineros -en un momento en el que sus necesidades y gastos (de energía en particular) aumentan, y en el que el hashrate (la potencia de cálculo de una blockchain) también se ve afectado-, son las tasas de transacción las que deben aumentar para remunerar a los mineros, al menos en proporción. Para mantener el incentivo para los mineros cuando se les paga la mitad por su trabajo, el precio de Bitcoin debe aumentar lo suficiente.

El clima y el ahorro energético también se ven afectados negativamente por la reducción a la mitad, ya que para resolver cálculos cada vez más complejos, los mineros se lanzan a una carrera por competir y, por tanto, por aumentar la potencia de sus ordenadores. A pesar de las mejoras en la eficiencia de los ordenadores, las emisiones de gases de efecto invernadero causadas por Bitcoin han aumentado exponencialmente, hasta el punto de comprometer los objetivos climáticos fijados por la COP.

Los tres primeros ciclos de reducción a la mitad tuvieron lugar el 28 de noviembre de 2012, el 9 de julio de 2016 y el 11 de mayo de 2020; el siguiente está previsto para abril de 2024, cuando la recompensa para los mineros caerá a 3,125 bitcoins por bloque minado; esto solo beneficiará a los mineros y a los inversores en bitcoin si va seguido de un aumento sostenido de la demanda de Bitcoin.

Confidencialidad

El sistema Bitcoin indica en el registro público la cantidad de bitcoins asociada a cada dirección. Todas las transacciones registradas en la cadena de bloques también son públicas. La identidad de los propietarios de las direcciones bitcoin no es pública, pero puede determinarse, por ejemplo, a través de plataformas de intercambio que registran la identidad de sus usuarios.

Las plataformas de intercambio suelen agrupar los activos de sus usuarios en una única dirección y reasignan una línea de crédito en bitcoins a cada uno de ellos a través de su software de intercambio. Los usuarios pueden entonces intercambiar sus bitcoins por otras criptomonedas o divisas. La plataforma asegura sus depósitos repartiéndolos entre varias direcciones o almacenándolos en frío para evitar robos. Cuando un usuario transfiere sus depósitos de la plataforma a otra dirección, la plataforma carga su línea de crédito y transfiere la cantidad a canjear de una de sus direcciones a la dirección indicada por el usuario.

Investigadores de las universidades de Stanford y Concordia han demostrado que, para evitar la piratería, las plataformas de intercambio de bitcoins pueden demostrar su solvencia sin revelar sus direcciones, utilizando protocolos de conocimiento cero.

También es posible almacenar bitcoins "en frío" en un soporte digital desconectado de la red, lo que tiene el efecto de protegerlos contra el robo, del mismo modo que el oro que un usuario decide guardar en una caja fuerte. Entre 2017 y 2018, una start-up francesa vendió más de 1,5 millones de estas cajas fuertes de bitcoins en 165 países.

Los investigadores han argumentado que, en ausencia de medidas de protección específicas, los pagos realizados mediante el protocolo Bitcoin no son más privados que los pagos con tarjeta bancaria.

Distribución de la riqueza

Los bitcoins están concentrados: la distribución de la "riqueza" es tal que 10.000 direcciones poseen el 55,94% del total. Algunas de estas direcciones están muertas (claves perdidas en una época en la que una unidad de bitcoin tenía poco o ningún valor).

Sin embargo, la mayoría de estas direcciones pertenecen a plataformas de intercambio, que guardan los fondos de millones de clientes, por lo que no podemos deducir mucho sobre la distribución real de los fondos.

Bolsas e instrumentos financieros

El bitcoin, como activo financiero, es bastante inclasificable. Por ejemplo, algunas sociedades de gestión de activos creen que la moneda virtual no puede considerarse una inversión prudente ni compararse con el oro, porque no tiene ingresos.

Para el expresidente de la SEC Jay Clayton, las Ofertas Iniciales de Monedas están menos protegidas que los valores tradicionales, lo que permite más manipulación del mercado y estafas: para él, al igual que con otras inversiones, es necesario extremar la precaución y ser consciente del riesgo de perderlo todo.

El regulador estadounidense SEC, o Securities and Exchange Commission, ha declarado que el bitcoin es una mercancía. Una de las diferencias entre una mercancía y un valor es que una mercancía no tiene que cumplir la estricta normativa que la SEC impone a los valores. En el caso concreto del bitcoin, esto significa que se puede minar la moneda del mismo modo que se hace con las materias primas. Una de las diferencias entre valores y materias primas es cómo se venden. Los valores que incluyen acciones se refieren a una participación en la propiedad y el control de una empresa. Las materias primas, en cambio, implican la compra de bienes, en este caso bitcoins, antes de que existan realmente.

Ante la aparición de estos nuevos recursos financieros, el actual Presidente, consciente de lo que está en juego, busca la manera de regularizarlos.

Plataformas de mercado

Las divisas fiduciarias (USD, EUR, CNY, etc.) o las criptomonedas (ETH, LTC, etc.) pueden cambiarse por bitcoins a través de diversas bolsas o plataformas de intercambio especializadas que operan en internet, realizando transferencias mediante transferencia bancaria. Las comisiones de intercambio suelen ser muy bajas y los usuarios deben acreditar su identidad. En Francia, las plataformas deben estar autorizadas a comprar y vender bitcoins.

Las plataformas de custodia ponen en contacto a compradores y vendedores para intercambiar bitcoins por dinero en efectivo, giros postales o transferencias bancarias.

Los puntos de venta unidireccionales permiten pagar en bitcoins, previo pago de una comisión, cargando el importe correspondiente en euros en tarjetas bancarias o de prepago.

Por último, están las máquinas expendedoras, que suelen cobrar una comisión más elevada.

Desde noviembre de 2016, los Ferrocarriles Federales Suizos, en colaboración con la empresa SweePay, ofrecen la compra de bitcoins desde sus máquinas expendedoras de billetes de tren, creando la mayor red de distribución de bitcoins del mundo.

Financiarización

Algunos corredores ofrecen ahora la posibilidad de cotizar bitcoin, mientras que las plataformas ofrecen la posibilidad de comprar o vender la criptodivisa en corto o utilizando apalancamiento.

Se están desarrollando instrumentos financieros complejos, como los fondos de inversión.

El uso de intermediarios financieros establecidos hace que las transacciones sean más seguras, ya que estos operadores están sujetos a estrictas normas reguladoras. Sin embargo, la volatilidad que caracteriza a los instrumentos financieros basados en bitcoins puede provocar pérdidas tan elevadas como los beneficios que se pueden obtener.

Marco jurídico

La naturaleza jurídica del bitcoin no es una cuestión uniformemente clara.

La dimensión internacional del bitcoin, dada la naturaleza regional de los marcos jurídicos (Unión Europea, Estados Unidos, China, en particular), descarta cualquier respuesta jurídica global en el estado actual de la ley.

En particular, el G20 consideró que, aunque los criptoactivos plantean problemas de protección de los consumidores y los inversores en torno a la integridad del mercado, la evasión fiscal, el blanqueo de dinero y la financiación del terrorismo, deben ser gestionados por los Estados y no por el propio G20.

Unión Europea

Según el Banco Central Europeo, la extensa normativa bancaria y financiera impuesta a los Estados miembros de la UE no se aplica al bitcoin.

La Autoridad Bancaria Europea advirtió a los consumidores contra los riesgos asociados al bitcoin (13 de diciembre de 2013), al considerar que las criptomonedas son "representaciones virtuales" del dinero. También recomendó el 4 de julio de 2014 que las entidades bancarias y financieras europeas no utilizaran bitcoin ni ofrecieran servicios en torno a él.

El 22 de octubre de 2015, el Tribunal de Justicia de la Unión Europea confirmó que las transacciones de cambio de bitcoin por monedas tradicionales estaban exentas de IVA, al considerar que el bitcoin era una "moneda virtual" y no un bien o servicio.

La regulación de los criptoactivos se armoniza a nivel europeo, a partir de un periodo transitorio del 30 de diciembre de 2024 a 2026, bajo el llamado reglamento MiCa.

Argelia

Argelia prohíbe el Bitcoin en el artículo 117 de la Ley de Finanzas de 2018.

Australia

En diciembre de 2013, el Gobernador del Banco de la Reserva de Australia (RBA) dijo en una entrevista sobre la legalidad del bitcoin que "No habría nada que impidiera a la gente [...] decidir realizar transacciones en otra moneda en una tienda si así lo quisieran. No hay ninguna ley que lo prohíba, así que tenemos monedas que compiten".

Australia ha confirmado oficialmente que el bitcoin será tratado como dinero el 1 de julio de 2017 y dejará de estar sujeto a doble imposición.

Bélgica

En una declaración de 2017, el banco central de Bélgica afirmó que "las amenazas a la estabilidad monetaria que plantean las monedas digitales emitidas por actores privados son actualmente bastante limitadas [porque] se utilizan como medio de cambio, por lo que su impacto en las condiciones financieras de la economía es pequeño".

En una audiencia celebrada en el Parlamento Federal en junio de 2021 en el marco de los trabajos sobre criptomonedas, Tim Hermans, Director del Banco Nacional de Bélgica, confirmó la clasificación del bitcoin como activo especulativo. El banquero central opinó que, a la luz de las definiciones tradicionales, el bitcoin no podía considerarse una moneda dada su extrema volatilidad.

Tras la entrada en vigor de la *Ley Bitcoin* en El Salvador en septiembre de 2021, que otorga a la criptodivisa el estatus de moneda de curso legal, el ministro de Finanzas Vincent Van Peteghem (CD&V) fue interrogado en el Parlamento Federal sobre la posibilidad de legalizar el bitcoin en Bélgica. El ministro descartó esta posibilidad, argumentando en particular que una decisión de este tipo tendría que tomarse a nivel europeo, pero que seguía siendo "altamente improbable".

China

El 5 de diciembre de 2013, el banco central de China prohibió por primera vez a los bancos locales realizar cualquier transacción en bitcoin, lo que desencadenó el inicio de un desplome del valor de la moneda digital. De hecho, en el momento de esta nueva regulación, el 50% de las transacciones de bitcoin se realizaban en ChinaBTC China, la principal plataforma de transacciones de bitcoin del mundo, prohibió a los usuarios realizar nuevos depósitos en yuanes en sus cuentas "a raíz de las nuevas regulaciones gubernamentales". El 8 de enero de 2014, el grupo chino Ali Baba prohibió todos los pagos con criptodivisas, en línea con las nuevas regulaciones del país. En febrero de 2018, el Gobierno chino reafirmó su postura, anunciando esta vez el bloqueo de todos los sitios web de intercambio de bitcoins, ya fueran chinos o extranjeros. En 2021, el banco central prueba su propia moneda digital, bajo control estatal y sin posibilidad de anonimato para sus usuarios. Al mismo tiempo, está pidiendo a varios de sus principales bancos estatales y a la plataforma de pagos por móvil Alipay que "investiguen e identifiquen" las cuentas bancarias que facilitan el comercio de criptodivisas, con vistas a bloquear todas las transacciones relacionadas.

Este ataque frontal contra la minería de Bitcoin y las bolsas financieras está provocando que los mineros abandonen el país

El 24 de septiembre de 2021, el Banco Central de China declaró ilegales las transacciones financieras con criptomonedas y, en particular, con bitcoin. El Banco declaró: "El comercio y la especulación en torno al bitcoin y otras monedas virtuales se han generalizado, perturbando el orden económico y financiero, dando lugar al blanqueo de capitales, la recaudación ilegal de fondos, el fraude, los esquemas piramidales y otras actividades ilegales y delictivas".

Corea del Sur

Bitcoin y las criptomonedas son instrumentos financieros legales y reconocidos.

No hay restricciones para que los particulares posean o intercambien bitcoin. Las plataformas de intercambio deben garantizar que disponen de al menos 500 millones de wones coreanos para proteger a comerciantes y empresas contra la malversación y el fraude.

El gobierno surcoreano ha firmado acuerdos con 14 plataformas de *cambio de divisas*, que ahora sólo aceptan usuarios cuya identidad haya sido verificada por un agente financiero, como un banco.

El gobierno surcoreano también regula los siguientes puntos:

- prohibición de que los menores cambien dinero ;

- impuesto sobre los beneficios de la venta de bitcoins ;

- Prohibición de las ICO (Ofertas Iniciales de Monedas).

Estados Unidos

El informe parlamentario del senador Tom Carper (3 de febrero de 2014) ofrece una primera visión general de las cuestiones jurídicas que rodean al bitcoin.

El informe concluye que el bitcoin tiene sentido desde el punto de vista económico y que su desarrollo debe regularse para contener los riesgos específicos. Tampoco ofrece una definición jurídica firme de bitcoin.

El 26 de febrero de 2014, el senador estadounidense Joe Manchin pidió que se prohibiera el bitcoin en Estados Unidos, debido a su volatilidad incontrolada y a los riesgos de que se utilice con fines ilegales, incluido el blanqueo de dinero. Por el momento, Estados Unidos considera que las monedas virtuales desarrolladas a semejanza del bitcoin carecen de valor legal, pero son activos que pueden estar sujetos a tributación.

El 10 de diciembre de 2017, la Bolsa de Chicago institucionalizó Bitcoin.

En 2018, las autoridades -incluidas The Securities and Exchange Commission, y la Commodity Futures Trading

Commission- persiguieron a varios actores que llevaron a cabo estafas como pregonar la posibilidad de hacerse rico con Bitcoin u opciones binarias.

Francia

En Francia, el Código Monetario y Financiero establece que la moneda de Francia es el euro (€). Un euro se divide en cien céntimos.

En Francia, ni la ley ni la jurisprudencia han regulado específica y claramente la naturaleza y el estatuto jurídico del bitcoin. Para algunos juristas, no es una moneda. Para otros, bitcoin es "una moneda electrónica sin curso legal". Para la Commission nationale des comptes de campagne et des financements politiques, es una "moneda sin estatuto jurídico definido". Para la Dirección General de Finanzas Públicas, el bitcoin se considera un bien mueble, teniendo valor legal su valor en el momento de la compra o venta y su valor al final del ejercicio fiscal.

Si se considera que Bitcoin es una moneda electrónica, se le aplicarían las normas vigentes para el dinero electrónico (artículos L. 133-29 y siguientes del Código Monetario y Financiero). En los demás casos, habría que inventar un régimen jurídico.

Según un informe de 2014, las monedas virtuales no representan un crédito sobre el emisor y no se emiten contra la entrega de fondos en el sentido de la Directiva sobre dinero electrónico 2, lo que no les confiere la condición de dinero electrónico. Tampoco son instrumentos financieros, y el informe señala que su objetivo es "formular recomendaciones con vistas a fomentar la aparición de un marco para prevenir e impedir el uso de monedas virtuales con fines fraudulentos o de blanqueo de capitales", es decir, un marco jurídico para estas monedas.

Por otra parte, no existe ningún texto que exima a las transacciones de bitcoin de las obligaciones fiscales vigentes, en particular en lo que respecta a la imposición de los beneficios o la recaudación del impuesto sobre el valor añadido. Esta situación fue reiterada por las autoridades fiscales el 11 de julio de 2014. Del mismo modo, los beneficios obtenidos de conformidad con la definición del artículo 92 del Código General de Impuestos (CGI) están sujetos a imposición.

Para empezar, la Banque de France advierte de los riesgos que presenta el bitcoin. Si una empresa va a intermediar con bitcoin, primero debe ser autorizada como proveedor de servicios de pago (recomendación 2014-P-01 de la ACPR).

En enero de 2018, el ministro de Economía, Bruno Le Maire, dijo ser consciente de "los riesgos de especulación y posible apropiación indebida". Encargó una misión sobre el bitcoin a Jean-Pierre Landau, antiguo subgobernador del Banco de Francia. En su informe, Jean-Pierre Landau recomienda no regular directamente las criptomonedas (salvo en el marco de la lucha contra el blanqueo de capitales), crear un entorno favorable al desarrollo de esta tecnología y limitar estrictamente la exposición del sector financiero a las criptomonedas. El 12 de septiembre de 2018, Francia se convirtió en el primer país del mundo en otorgar un marco legal a la Initial Coin Offering, la captación de fondos en criptodivisas; si bien esto no sirve para regular el uso del bitcoin, sí abre un primer paso.

Desde el 22 de mayo de 2019, el Código Monetario y Financiero francés establece la obligatoriedad de registro para los Servidores de Activos Digitales (DAS), que deben registrarse en la Autorité des marchés financiers (Francia) si cumplen determinadas condiciones legales.

Indonesia

El banco central de Indonesia no tiene una política detallada para regular o prohibir el uso del bitcoin.

Japón

El banco central de Japón reconoce oficialmente el bitcoin y las criptomonedas como medio de pago (el artículo 2-5 de la PSA modificada especifica que las monedas virtuales se aceptan como medio de pago sin ser de curso legal ("una forma de medio de pago, no una moneda legalmente reconocida").

Luxemburgo

En febrero de 2014, la Comisión de Supervisión del Sector Financiero publicó una comunicación en la que reconocía el bitcoin y otras criptomonedas como divisas.

El Ministerio de Finanzas concedió una licencia inicial de pago bancario a SnapSwap en octubre de 2015. El Gobierno ha indicado que apoya activamente el desarrollo de esta tecnología.

Malasia

El banco central de Malasia emitió una declaración el 3 de enero de 2014 en la que afirmaba que el bitcoin no está reconocido como moneda de curso legal en Malasia y que no regulará las transacciones con bitcoin, ya que los usuarios deben ser conscientes de los riesgos asociados a su uso.

Marruecos

El 20 de noviembre de 2017, la oficina de divisas de Marruecos declaró que las transacciones realizadas a través de monedas virtuales constituyen una infracción de la normativa sobre divisas, sujeta a sanciones y multas.

Nueva Zelanda

El Banco Central de Nueva Zelanda afirma: "Las entidades que no son bancos no necesitan la aprobación del banco central para planes que impliquen el almacenamiento y/o la transferencia de valor (como el bitcoin), siempre que no se emita dinero circulante (billetes y monedas)".

Países Bajos

Las criptomonedas como el bitcoin son legales y se han tomado medidas para evitar el blanqueo de dinero a través de ellas.

Filipinas

Las criptomonedas se han legalizado y las bolsas están reguladas por el Banco Central de Filipinas. En agosto de 2017 se concedieron dos licencias iniciales para plataformas de intercambio locales.

Reino Unido

El bitcoin se considera "dinero privado". Cuando las criptomonedas se cambian por libras esterlinas u otras monedas fiduciarias, como euros o dólares, no hay que pagar IVA. Sin embargo, el IVA se aplica a todos los bienes y servicios que puedan cambiarse por bitcoins. Las ganancias y pérdidas obtenidas con criptomonedas están sujetas al impuesto sobre plusvalías.

Rusia

El 6 de febrero de 2014, Rusia declaró ilegal la moneda en su territorio, argumentando que la única moneda oficial en Rusia es el rublo y que ninguna otra moneda puede utilizarse legalmente en el país. Sin embargo, en noviembre de 2016 fue declarada "no ilegal" por el Servicio Fiscal Federal ruso.

En enero de 2022, el Banco Central de Rusia quiere poner fin a las transacciones y producción de bitcoin y criptodivisas en suelo ruso, oficialmente por razones de seguridad del sistema financiero.

En febrero de 2022, el gobierno ruso y el Banco Central de Rusia acuerdan regular el Bitcoin y otras criptomonedas como divisas. Está previsto que se presente un proyecto de ley el 18 de febrero.

Salvador

El 5 de junio de 2021, el Presidente de la República de El Salvador, Nayib Bukele, anunció que propondría a la Asamblea un proyecto de ley para adoptar Bitcoin como moneda de curso legal.

El 9 de junio, la Asamblea aprobó el proyecto de ley por 62 votos a favor de 84 en contra. La medida entró en vigor el 7 de septiembre, pero fue recibida con oposición pública. El FMI considera que "*la adopción del bitcoin como moneda de curso legal plantea una serie de cuestiones macroeconómicas, financieras y jurídicas que requieren un análisis muy detallado (...) Los criptoactivos pueden plantear riesgos significativos. Es crucial adoptar medidas reguladoras eficaces para hacerles frente*" y el Banco Mundial también señala problemas de transparencia.

En noviembre de 2021, el presidente Bukele anunció la futura creación de una Ciudad Bitcoin, que sería una zona económica especial con ventajas fiscales para los inversores. Explicó que "zonas residenciales, zonas comerciales, servicios, museos, entretenimiento, bares, restaurantes, aeropuerto, puerto, ferrocarril... todo [estaría] dedicado a Bitcoin", y que en la ciudad se suprimirían todos los impuestos excepto el IVA. El Gobierno tiene previsto emitir un bono de mil millones de dólares en 2022 para financiar el proyecto. La mitad de los fondos se convertirán en Bitcoins y la otra mitad se utilizará para infraestructuras y minería de Bitcoin. La ciudad, cuya forma circular se asemejará a una moneda, se levantará en el este del país y recibirá su suministro energético del volcán Conchagua. Parte de la energía se utilizará para minar Bitcoin, contribuyendo así a la seguridad de la red.

El Salvador inyectó 107 millones de dólares de dinero público en bitcoin entre septiembre de 2021 y octubre de 2022. En 2023, el 71% de los salvadoreños consideraba que el bitcoin no había hecho nada por mejorar la situación económica de su familia.

El 1% de los fondos procedentes del extranjero utilizan Bitcoin.

Singapur

En diciembre de 2013, la Autoridad Monetaria de Singapur declaró que los intercambios de bienes y servicios por bitcoins constituían intercambios comerciales respecto a los cuales no correspondía a la autoridad intervenir.

En enero de 2014, la Autoridad Tributaria de Singapur publicó una serie de directrices fiscales según las cuales las transacciones con bitcoins pueden tratarse como trueque si se utilizan como método de pago de bienes y servicios reales. Las empresas que se dediquen al intercambio de bitcoins tributarán en función de sus niveles de ventas.

Suecia

Las autoridades suecas se plantean prohibir la minería de bitcoins a finales de 2021, ya que su considerable consumo energético compromete los objetivos del país para limitar su huella de carbono.

En respuesta, la compañía eléctrica estatal sueca Vattenfall defiende la minería de Bitcoin, citando su potencial para equilibrar la carga de las redes eléctricas y describiéndola como una solución a algunos de los retos a los que se enfrentan los productores de energía, especialmente los de energías renovables.

Suiza

En Suiza, el Consejo Federal ha considerado que el bitcoin es una moneda virtual de uso marginal, y como tal está sujeta en principio a la legislación que rige las monedas normales. No obstante, recomienda a las autoridades y a las organizaciones responsables de la protección de los consumidores que insten a los usuarios de bitcoin a actuar con cautela.

En su opinión, los contratos celebrados utilizando monedas virtuales pueden, en principio, ejecutarse, y los delitos cometidos utilizando estas monedas son punibles.

Por ejemplo, el comercio profesional de monedas virtuales y la explotación de plataformas de comercio en Suiza entran en principio en el ámbito de aplicación de la Ley de blanqueo de capitales, que exige que se verifique la identidad de la parte contratante y se identifique al beneficiario efectivo.

Sin embargo, desde la perspectiva suiza, no existen normas internacionales que regulen las monedas virtuales.

Tras un periodo de prueba entre 2016 y 2020 en la ciudad de Zug, desde febrero de 2021 es posible pagar impuestos en bitcoin en el cantón de Zug.

Tailandia

El 29 de julio de 2013, Tailandia se convirtió en el primer país en prohibir el uso de bitcoin en su territorio tras una decisión de su Banco Central.

En 2016, el banco central de Tailandia dijo que el bitcoin no era ilegal, pero advirtió contra su uso.

Túnez

El gobernador del Banco Central de Túnez, Chedly Ayari, declaró su oposición al bitcoin el 5 de abril de 2016, debido a su supuesto riesgo de financiación del terrorismo. Su sucesor al frente del Banco Central de Túnez, Marouane Abassi, anunció en abril de 2019 que Túnez estaba "estudiando seriamente la posibilidad de emitir un bono soberano de Bitcoin".

Vietnam

Las criptomonedas como el bitcoin no están reguladas. En diciembre de 2016, el Gobierno confirmó la elaboración de un marco jurídico, que debía estar terminado en diciembre de 2017.

Riesgos

Desde el principio, Bitcoin ha sido objeto de muchos debates, tanto técnicos como económicos e incluso políticos.

De estas discusiones surgieron una serie de ventajas y desventajas. Algunos de estos comentarios no son necesariamente específicos del bitcoin y podrían aplicarse a otros sistemas de pago con características similares.

Recientemente, sin embargo, se ha puesto de manifiesto que hay poca o ninguna comprensión de la naturaleza y la magnitud de los riesgos asociados con bitcoin.

Sin activos subyacentes

Bitcoin, como la mayoría de las criptomonedas existentes, no tiene activos subyacentes ni garantías. Quien compra un bitcoin sólo paga al vendedor, lo que excluye, como pretendía Satoshi Nakamoto, los pagos a instituciones financieras. En consecuencia, el aumento del valor de bitcoin procede exclusivamente de la presencia continuada de un flujo de compradores capaces de sostener el precio, propietarios de la blockchain y mineros que validan las transacciones.

Volatilidad

El bitcoin es una moneda volátil, y su precio fluctúa en función de las últimas noticias sobre criptomonedas.

- Bitcoin flota como cualquier otra moneda y fluctúa de forma diferente frente a las distintas divisas.

- el número de fichas es limitado ante la creciente demanda, lo que provoca una tendencia al alza de su precio a largo plazo.

Riesgos para la seguridad

Los activos están sujetos a fallos de seguridad en la tecnología bitcoin o en la forma en que los usuarios la utilizan

- La tecnología está expuesta a ataques de denegación de servicio y al ataque del 51%.

- Carteras mal protegidas por contraseña (claves privadas para las transacciones).

- Los propietarios de bitcoins se quejan periódicamente de la pérdida de sus contraseñas, lo que hace que sus bitcoins sean permanentemente inaccesibles.

Adicción a Internet

El protocolo Bitcoin es una capa sobre el protocolo IP, que es la base del funcionamiento de Internet. En el caso de un apagón de Internet (por ejemplo, un apagón masivo o un cierre gubernamental de los routers de los ISP) o si un gobierno no promueve/defiende la neutralidad de Internet, el protocolo Bitcoin podría verse ralentizado o incluso completamente bloqueado por los ISP o los gobiernos. A menos que el usuario utilice uno de los satélites de Blockstream.

Límites técnicos

- El tamaño de la base de datos ha crecido muy rápidamente y requiere varios gigabytes de memoria en un disco duro. Algunos expertos han cuestionado el tamaño futuro de esta base de datos y están debatiendo posibles soluciones para ahorrar espacio en disco, como podar las transacciones más antiguas que forman el árbol de Merkle, aunque esto no parece necesario dados los avances logrados en el campo del almacenamiento.

- Mayores requisitos de ancho de banda para cargar todos los bloques de la cadena de bloques.

- Tamaño de los bloques: se está estudiando la posibilidad de crear "supernodos" bitcoin para facilitar la propagación de la información entre los nodos de la red, que tienen dificultades para seguir el ritmo del creciente tamaño de la base de datos. Algunos expertos sostienen que la Ley de Moore podría ayudar a mantener el ritmo de crecimiento de la red utilizando ordenadores personales.

Riesgo de intermediación

Para convertir criptomonedas en divisas, a menudo es necesario pasar por una plataforma de intercambio gestionada por empresas privadas y que son potencialmente vulnerables a la quiebra o la bancarrota, como le ocurrió a Mt. Gox. Sin embargo, es posible cambiar tus bitcoins por efectivo, oro o un servicio para evitar este escollo.

Más recientemente, el ejemplo de FTX nos demuestra que los intermediarios son muy arriesgados y que las criptomonedas deben seguir estando descentralizadas. FTX quebró recientemente y debe más de 3.000 millones de dólares a sus 50 mayores acreedores. Los usuarios de FTX que tenían fondos en la plataforma en ese momento lo perdieron todo.

Riesgos éticos

Críticas a la filosofía y el concepto económico de Bitcoin, en comparación con las monedas estatales o el patrón oro

Se dice que Bitcoin recompensa excesivamente a los primeros en adoptarlo. Esta afirmación a veces se ve confirmada por algunos estudios que demuestran que la distribución de la riqueza en bitcoin es muy desigual, y a veces refutada por otros.

Riesgos de fraude, sistémicos y especulativos

- Se ha sugerido que Bitcoin podría asemejarse a un esquema Ponzi, pero esto no es aplicable: el precio de la criptomoneda es un equilibrio entre los compradores que buscan adquirir la moneda y los vendedores que buscan venderla. En un esquema Ponzi, los nuevos entrantes pagan a los antiguos.

- Cuando el precio del bitcoin superó los 1.200 dólares, algunos artículos describieron el fenómeno como tulipomanía.

- Charles Stross y Paul Krugman se han posicionado en contra del bitcoin.

- Algunos bancos centrales (BCE, Banque de France, Banco de China) han emitido advertencias sobre el uso de bitcoin, destacando su carácter altamente especulativo, los riesgos legales que genera por su condición de moneda no regulada y su posible uso con fines delictivos (blanqueo de capitales, financiación del terrorismo). La Autoridad Bancaria Europea (ABE) también alertó en diciembre de 2013 sobre la falta de protección de los consumidores que supone el uso del bitcoin como medio de pago. Sin embargo, otras instituciones adoptan una postura más matizada, incluso contraria. Los gobiernos alemán y estadounidense, por ejemplo, ven la moneda con cierta benevolencia, y Ben Bernanke, ex presidente de la Reserva Federal, describió el bitcoin como una moneda con "potencial".

- La delincuencia organizada ha utilizado la tecnología Bitcoin como medio de pago en Silkroad.

Beneficios

Flexibilidad y polivalencia

Con Bitcoin, puede enviar y recibir dinero convirtiéndolo en moneda virtual:

- en todo el mundo, excepto en los lugares donde bitcoin no está disponible;

- en cualquier momento, independientemente de los días festivos;

- casi instantáneamente: las transacciones son rápidas, duran desde unos segundos hasta unas horas;

- ilimitado: a diferencia de un banco que aplica límites máximos diarios o mensuales ;

- independientemente de las políticas de emisión de dinero de las autoridades monetarias dirigidas por bancos centrales como (la Fed, o el BCE)

Seguridad

- En principio, los usuarios son los únicos que pueden ordenar que se realice una transacción.

- La transacción es irreversible, lo que proporciona protección al vendedor, que no puede ser repudiado por el comprador una vez expedido el bien o servicio.

- Los comerciantes no pueden cobrar gastos adicionales sin informar previamente al comprador.

- Las criptomonedas no pueden ser incautadas si están suficientemente protegidas.

- Bitcoin funciona mediante el pseudoanonimato, lo que significa que no se muestra ninguna información identificativa. Para lograrlo, es esencial el uso de claves públicas y privadas.

- El protocolo en el que se basa Bitcoin es muy difícil de manipular por un individuo, una organización o un gobierno, dado que cada acción en la cadena de bloques se registra, indexa y distribuye de forma idéntica a todos los validadores del mundo, como si se tratara de una base de datos compartida y consultable a escala mundial.

Transparencia transaccional

- Todas las transacciones finalizadas están disponibles y pueden ser consultadas por cualquiera en el registro público distribuido (en forma de blockchain).

- Cualquiera puede comprobar las transacciones en cualquier momento.

- Las transferencias transaccionales pueden rastrearse de dirección a dirección.

Refugio seguro

- Bitcoin podría utilizarse como refugio en economías que sufren una elevada inflación, lo que provocaría una caída del valor de las monedas nacionales.

Amplia distribución

Este protocolo de pago se ha ido imponiendo poco a poco entre los comerciantes y sigue creciendo rápidamente.

Algunos comercios europeos aceptan el pago en Bitcoin

Críticas y opiniones

Opiniones

Los economistas han expresado diversas opiniones sobre el bitcoin.

Para el Premio Nobel de Economía estadounidense Joseph Stiglitz, el bitcoin es una burbuja que será muy excitante mientras suba antes de bajar. En su opinión, no tiene ninguna utilidad social. Su éxito se debe a su capacidad para ser burlado. Por ello, considera que el bitcoin debería prohibirse.

El Premio Nobel de Economía francés Jean Tirole ha advertido de que el bitcoin es "un activo sin valor intrínseco" y "sin realidad económica". Se muestra escéptico a la luz de dos criterios: ¿es una moneda viable a largo plazo? ¿Contribuye al bien común? En cuanto a la viabilidad, Jean Tirole se muestra especialmente crítico con las Ofertas Iniciales de Monedas (ICO, por sus siglas en inglés) de tres mil millones de dólares en 2017. Anunciadas como un instrumento para la desintermediación financiera, considera que las ICO descuidan los fundamentos de las finanzas: el uso de intermediarios fiables y bien capitalizados para supervisar los proyectos, lo que no es el caso de ciertos actores de Bitcoin que están envueltos en el secretismo. Para el economista, el papel social de Bitcoin es "escurridizo". Los bitcoins se concentran en manos privadas para el fraude en general y la evasión fiscal en particular.

Ya en 2013, el premio Nobel de Economía estadounidense Paul Krugman escribió en el *New York Times* que "Bitcoin es el mal".

Para el Gobernador del Banco de Francia, François Villeroy de Galhau, el bitcoin es de naturaleza especulativa y no tiene las características de una moneda. Como tal, el bitcoin no está vinculado a ninguna realidad económica.

Para Randall Quarles, de la Reserva Federal estadounidense (FED), el bitcoin no está respaldado por activos seguros, no tiene valor intrínseco y no lo emite una institución bancaria regulada.

Jean-Marc Sylvestre, periodista económico francés, pronostica una caída, destacando su éxito entre quienes hacen dinero sucio en el tráfico de drogas, el comercio ilícito de armas y la prostitución internacional, así como entre las poblaciones de los países emergentes, que no están bancarizadas pero disponen de smartphones. A esto se añade el papel clave que desempeña el bitcoin en los ataques de ransomware, ya que los delincuentes que se dedican a este tipo de programas suelen exigir el pago en esta moneda, difícil de rastrear.

El economista Thomas S. Umlauft, de la Universidad de Viena:

1. A Bitcoin se le niegan las características esenciales de una moneda: Bitcoin, al igual que otras

criptomonedas, no cumple los requisitos de las dos principales escuelas de pensamiento sobre la creación y naturaleza del dinero - según la escuela ortodoxa, valor intrínseco, o según la escuela heterodoxa, apoyo de un Estado;

2. Afirma que el límite máximo de 21 millones de Bitcoin es también intrínsecamente un factor que impide que Bitcoin se convierta en una moneda, porque ninguna otra moneda tiene tal límite máximo ;

3. Declara que el valor actual del Bitcoin se debe únicamente a un sesgo cognitivo de los inversores, que consideran que el Bitcoin tiene un valor por la inversión necesaria para minarlo, mientras que, al carecer intrínsecamente de utilidad, el valor final de estas criptomonedas sólo puede tender a cero.

Saifedean Ammous, profesor de economía de la Universidad Libanesa Americana, explica en su libro, l'étalon bitcoin, que las características del bitcoin lo convierten en la mejor moneda jamás utilizada por el hombre y que debería establecerse de forma natural con el paso de los años como el nuevo depósito mundial de valor y acabar destronando a todas las monedas fiduciarias.

Financiación del terrorismo

Se han planteado diversas opiniones sobre el vínculo real o supuesto entre Bitcoin y el terrorismo.

En varias ocasiones, Bitcoin se ha presentado como una herramienta que podría utilizarse para financiar el terrorismo:

- en Francia, por Michel Castel, exdirector del Banco de Francia, en un artículo de Les *Echos* publicado el 20 de noviembre de 2015 (una semana después de los atentados de París);

- en Bélgica, por Philippe De Koster, Presidente de la Cellule de Traitement des Informations Financières (CTIF);

- en Marruecos, por Abdellatif Jouahri, Wali del Bank Al-Maghrib ;

- en Alemania, por la CSU;

- en Estados Unidos, por Elizabeth Rosenber, ex asesora del Tesoro.

Según un informe de Europol de enero de 2016, no se han demostrado los vínculos entre Bitcoin y el terrorismo.

En 2020, las autoridades francesas desmantelaron una red de financiación vinculada a grupos terroristas radicados en Siria. El dinero se canalizaba a través de vales de bitcoin vendidos libre y anónimamente en estancos.

Según un informe del think tank *estadounidense Middle East Media Research Institute*, varios grupos terroristas han recurrido al bitcoin para financiar sus actividades. En particular, el uso de esta tecnología les permite eludir las regulaciones establecidas por el sector bancario.

Consumo de energía y contribución al calentamiento global

La minería de Bitcoin se ha industrializado. Aumenta rápidamente. A veces es geográficamente muy móvil. Estos hechos dificultan la evaluación de su consumo energético.

A menudo se cita o denuncia el desorbitado y creciente consumo eléctrico del sistema Bitcoin; por ejemplo, equivalente a más del consumo energético de 159 países pequeños según CBS News (2017); tanto como Irlanda según "Digiconomist" (un sitio creado por un analista financiero holandés cuya estimación se basa en el supuesto de un equilibrio económico entre los ingresos y los costes de la minería; Según él, a 1 de julio de 2018, el consumo mundial de electricidad de la minería era de 71,1 TWh/año (1 teravatio-hora (TWh) = 1.000 millones de kilovatios-hora (kWh)), equivalente a la producción de un año de seis reactores nucleares de 1.300 MW funcionando a pleno rendimiento, o al consumo anual de electricidad de Chile, o al 0,32% del consumo mundial de electricidad. Este consumo está creciendo exponencialmente: se estimaba en 13,7 TWh/año hace un año (1 de julio de 2017), lo que corresponde a un aumento de más de cinco veces en un año.

Estas estimaciones son juzgadas exageradas por Cyril Fiévet (2018), o por el blog de Marc Bevand (informático que se presenta como ingeniero de software y seguridad informática, inversor ángel, emprendedor en el campo de las criptomonedas e investigador independiente), quien considera que sobreestiman la realidad en un factor de 1,5 a 2,8 (probablemente 2,2), lo que en su opinión reduciría el consumo total de electricidad a 32,3 TWh/año, o 424 kWh por transacción única de bitcoin (equivalente al consumo de un radiador de 1.000 W funcionando durante casi 18 días por transacción).

Actualmente no es posible realizar una estimación precisa, debido a las suposiciones que implica. Pero el consumo de energía "mínimo" de la red Bitcoin puede estimarse a partir de datos verificables:

- el número de hashes por segundo: $37,1 \times 10$ H/s el 1 de julio de 2018 ;

- la potencia y capacidad de picado de la máquina más potente del mercado (Antminer S9 de Bitmain): 1.323 W para 13,5 × 10 H/s.

Según estos datos, el 1 de julio de 2018 la red Bitcoin tenía -como mínimo- 2,8 millones de máquinas mineras y consumía al menos 32,2 TWh/año. Pero este es el extremo inferior del rango. Y desde entonces, el número de máquinas y 'entidades' que aseguran la red Bitcoin ha aumentado considerablemente, incrementando el valor de los Bitcoins pero empeorando su consumo energético.

Se calcula que a principios de la década de 2020 el bitcoin consumirá hasta 130 TWh, es decir, el 0,6% del consumo mundial de electricidad. Según otra fuente, la Universidad de Cambridge, la red bitcoin se sitúa entre Bélgica (81,2 TWh/año) y Filipinas (90,9 TWh/año) en términos de consumo eléctrico.

En 2020, tres cuartas partes de la minería mundial se realizaba en China (antes de que se prohibiera y se regularan las criptodivisas); el 27% de la minería china se realizaba en Sichuan, una provincia con un alto nivel de energía hidroeléctrica, con fama de ser "baja en carbono", pero el 43% se realizaba en Xinjiang, donde el 80% de la electricidad procede de centrales eléctricas de carbón. La energía hidroeléctrica china sólo está disponible a bajo coste en la estación húmeda. El resto del año, los mineros recurren principalmente al carbón.

En abril de 2021, un artículo publicado en la revista científica Nature Communications concluía que, en 2020, el 78,9% de la minería se había llevado a cabo en China, con unas emisiones de CO_2 para el periodo comprendido entre el 1 de enero de 2016 y el 30 de junio de 2018 estimadas en 13 millones de toneladas, equivalentes a las emisiones anuales de Dinamarca. A este ritmo, la minería en China habría alcanzado los 297 TWh en 2024, es decir, el 5,4% de la producción eléctrica del país, y 130 millones de toneladas de CO_2 , equivalentes a las de la República Checa y Qatar juntas. Desde junio de 2021, China combate la producción de bitcoins. Las autoridades de Sichuan han clausurado 26 granjas mineras en la segunda mayor provincia minera de bitcoins, según datos recopilados por la Universidad de Cambridge. Antes de Sichuan, que obtiene su electricidad de presas hidroeléctricas, otras provincias como Xinjiang, Mongolia Interior, Qinghai y Yunnan ya habían prohibido la minería de bitcoins. Según el diario del Partido Comunista Global Times, el 90% de las instalaciones chinas se cerraron a mediados de 2021.

En mayo de 2021, Tesla decidió rechazar los pagos con bitcoin; Elon Musk afirma: "Nos preocupa el creciente uso de combustibles ricos en carbono para minar bitcoins, especialmente el carbón, que tiene las peores emisiones de gases de efecto invernadero de todos los combustibles. [...] los utilizaremos para las transacciones en cuanto las minas funcionen con energías más sostenibles". Elon

Musk se reunió entonces con varias empresas mineras de Bitcoin norteamericanas dispuestas a revelar su cuota de energías renovables y sus previsiones. Ethereum, la criptomoneda rival de Bitcoin, ha pasado del proof-of-work al proof-of-stake, un proceso que utiliza mucha menos electricidad.

En 2021, un estudio (Universidad de Cambridge) estima una tasa de energía renovable del 39% para el sector de las criptomonedas.

Por otra parte, otros estudios y estudios sostienen que el impacto energético y medioambiental de la minería de bitcoins es mucho menor que el del sistema bancario o la producción y procesamiento del oro. Otros señalan que la minería podría recuperar energía de la quema de metano.

Este consumo no puede controlarse, porque el sistema Bitcoin se basa en aumentar los costes y las dificultades de la minería. Por ello, algunos mineros buscan utilizar más energía "verde" y refrigerar pasivamente sus granjas de servidores, por ejemplo transportándolas a Siberia (una de ellas estará en el Círculo Polar Ártico en 2021).

Según el *New York Times* (septiembre de 2021), mientras que en 2009 sólo se necesitaban unos segundos de electricidad doméstica para minar una transacción de Bitcoin, en 2021 se necesitará el equivalente a entre 9 y

10 años (o alrededor de 12.500 dólares de electricidad doméstica).

Según una estimación de 2021/principios de 2022, la minería de Bitcoin consumió más de 200 teravatios hora de electricidad (CNET, citando el informe "*Revisiting Bitcoin's Carbon Footprint*", febrero de 2023); a pesar del colapso del mercado de criptomonedas en 2022, la minería siguió consumiendo casi tanto como Argentina, con una huella de carbono equivalente a la de Grecia. Este consumo habría alcanzado los 247 teravatios hora (TWh) según *Coin Telegraph* . Por ejemplo, en 2022, el gas barato de Texas se utiliza principalmente para producir la electricidad que alimenta la mayor fábrica de bitcoins de EE.UU., que consume el equivalente a la producción de medio reactor nuclear).

Según las estadísticas recopiladas a principios de 2024 por Jordan Tuwiner, la producción de Bitcoins emite entre 22 y 23 millones de toneladas de CO_2 al año, y el coste de una sola transacción de Bitcoin ha alcanzado los 1.200 kWh (casi 100.000 transacciones VISA). Y se calcula que Bitcoin ya consume 160 teravatios hora de electricidad al año, es decir, el 0,5% de la electricidad consumida en todo el mundo, o el 2% de la utilizada por Estados Unidos cada año, lo que supone 7 veces más que Google-World; más que el estado de Washington; y más que toda Argentinain name=BitcoinConsomEnerg2024/>. El proceso de crear, intercambiar y gastar bitcoins consume alrededor de 91 teravatios-hora de electricidad al año (más de lo que consume Finlandia).

Según una investigación del *New York Times* citada por *Les Echos* el 14 de abril de 2023, 34 empresas mineras de bitcoin han abandonado China para instalarse en Estados Unidos a raíz de la crisis anti criptomoneda. Movilizan 3.900 megavatios de energía eléctrica, casi tanto como los 3 millones de hogares que las rodean.

Esquema Ponzi

Un esquema Ponzi es un acuerdo financiero en el que se paga a antiguos clientes con fondos aportados por nuevos clientes. Es fraudulento; tarde o temprano los nuevos clientes ya no son suficientes y el sistema se derrumba. La cuestión es si éste es el caso de Bitcoin, y los analistas no se ponen de acuerdo.

Similar a un esquema Ponzi

Varios periodistas, economistas y el Banco Central de Estonia han expresado su preocupación por la posibilidad de que Bitcoin sea un esquema Ponzi. En julio de 2017, el multimillonario Howard Marks calificó Bitcoin de estafa piramidal.

El 12 de septiembre de 2017, Jamie Dimon, consejero delegado de JP Morgan Chase, calificó Bitcoin de "estafa" y dijo que despediría a cualquiera de su empresa que operara con esta moneda. El 13 de septiembre de 2017, Dimon insistió y comparó Bitcoin con una burbuja especulativa, diciendo que solo era útil para traficantes de drogas y países como Corea del Norte. El 22 de septiembre de 2017, el fondo de cobertura Blockswater acusó a JP Morgan de manipulación del mercado y presentó una denuncia por incumplimiento del artículo 12 del Reglamento sobre abuso del mercado de la UE ante la Autoridad de Supervisión Financiera de Suecia. El 23 de octubre de 2020, después de que PayPal anunciara que apoyaría Bitcoin, JP Morgan Chase cambió de opinión: "Las criptodivisas tienen valor no solo porque sirven como depósito de valor, sino también por su utilidad como medio de pago. Cuantos más agentes económicos acepten las criptodivisas como medio de pago, mayor será su utilidad y su valor."

Para David Gledhill, del DBS Bank, Bitcoin es una especie de esquema Ponzi.

Según Nassim Nicholas Taleb (autor de *El cisne negro*, uno de los pocos economistas que predijo la crisis financiera de 2008, y uno de los que, tras apoyar Bitcoin cuando estaba surgiendo, se han distanciado completamente de él), entrevistado por *L'Express*: "El fallo fundamental y la contradicción en la raíz de la mayoría de las criptomonedas es que los iniciadores, mineros y mantenedores del sistema ganan actualmente su dinero de la inflación de sus monedas en lugar de por el mero volumen de transacciones subyacentes [....] bitcoin es un 'detector de tontos'". "Pensé erróneamente que el bitcoin sería un baluarte contra las distorsiones de esta política monetaria [...] el mundo de las criptomonedas atrae a manipuladores y estafadores [...]". Taleb también añadió: "Yo llamo a Bitcoin un tumor. El sector inmobiliario es otro tumor. La gente tiene la idea de que los mercados deberían comportarse como ellos creen que deberían. Cuando observas los mercados, pasan de estar sobrevalorados a infravalorados.

En 2023, el Gobernador del Banco Central de Irlanda considera que determinados productos están más cerca de un esquema Ponzi que de una inversión:

"Comprar este tipo de productos puede ser como comprar un billete de lotería: puede que le toque, pero es poco probable que gane. Y llamarlos "inversión" es, huelga decirlo, un término equivocado; "esquema Ponzi" sería más exacto. El Banco Central sigue preocupado por el riesgo de perjudicar a los consumidores y, en particular, desaconseja la comercialización de criptodivisas entre el público."

- Gobernador del Banco Central de Irlanda, 2023

En 2023, en un documento, el Banco de Francia no se refiere a un esquema Ponzi, sino a burbujas especulativas como la de los bulbos de tulipán del siglo XVII:

"La ausencia de un activo subyacente y la posibilidad de manipulación del mercado hacen que los precios puedan subir o bajar bruscamente. Esta situación recuerda a burbujas especulativas como la de los bulbos de tulipán en el siglo XVII (Tulipomanía).

- Banque de France, julio de 023

Bitcoin no sigue un esquema Ponzi

En 2013, Eric Posner, profesor de Derecho de la Universidad de Chicago, afirmó que "un verdadero esquema Ponzi es un fraude organizado, mientras que Bitcoin parece ser más una ilusión colectiva". Sin embargo, según el Banco Mundial y Kaushik Basu, un esquema Ponzi puede ser voluntario o involuntario, y Bitcoin es más una burbuja especulativa que un esquema Ponzi.

Un informe (2014) del Consejo Federal Suizo sobre las monedas virtuales del Banco Nacional Suizo afirma que Bitcoin no es lo mismo que jugar con un avión o una estafa piramidal (es decir, un esquema Ponzi) porque, según Jean-Daniel y Alexander Schmid (2012) citados en el informe, "en el caso de Bitcoin, las promesas de ganancia asociadas a jugar con un avión no se aplican, por lo que *no podemos hablar de tal práctica en este caso. Además, los únicos beneficios monetarios que cabe esperar del uso de bitcoins son la reducción o ausencia de comisiones".*

Según el BCE, la definición de esquema Ponzi basada en los conocimientos actuales no permite evaluar fácilmente si el sistema Bitcoin funciona realmente como un esquema Ponzi o piramidal, pero es posible afirmar legítimamente que Bitcoin es un sistema de alto riesgo para sus usuarios desde el punto de vista financiero, y que podría colapsar si la gente intentara salir del sistema pero no pudiera hacerlo por falta de liquidez.

Uso en esquemas Ponzi

Se han detectado miles de esquemas Ponzi basados en Bitcoin, con distintos grados de eficacia y duración (por ejemplo, *Bitcoin Savings & Trust*; esquemas de duplicación de un día para otro que no despegan...). Algunos autores hablan de esquemas Ponzi "posmodernos". Los ciberdelincuentes pueden utilizar el seudonimato de segunda generación introducido por Bitcoin para perpetrar estafas difíciles de prevenir, detectar y castigar. Así, según Massimo Bartoletti (matemático, especialista en criptodivisas, director del *Laboratorio Nacional de Ciberseguridad* y fundador del *Laboratorio Blockchain@Unica* de la Universidad de Cagliari) y sus colegas (2018): "Los esquemas Ponzi proliferan ahora en

Bitcoin, y siguen seduciendo a nuevas víctimas, a las que roban millones de dólares"; han probado algoritmos de aprendizaje automático diseñados para detectar fraudes Ponzi en la blockchain de Bitcoin, y según ellos, su mejor clasificador puede identificar la mayoría de los esquemas Ponzi en el conjunto de datos, con un bajo número de falsos positivos.

En 2019, dos investigadores estadounidenses (Vasek y Moore) estudiaron 11.424 discusiones en las que se produjeron 1.780 estafas distintas (en bitcointalk.org). El 50% de estas estafas duraron más de una semana. Estadísticamente, las estafas de bitcoin duran más cuando el estafador interactúa mucho con sus víctimas; y son más cortas cuando el estafador registra su cuenta el día que publica su estafa.

Ethereum

Ethereum (pronunciado ɪˈθɪriəm/) es un protocolo de intercambio descentralizado que permite a los usuarios crear contratos inteligentes. Estos contratos inteligentes se basan en un protocolo informático para verificar o hacer cumplir un contrato mutuo. Se despliegan y pueden consultarse públicamente en una blockchain.

Ethereum utiliza una unidad de cuenta llamada **Ether** como medio de pago para estos contratos. Su acrónimo correspondiente, utilizado por las plataformas de intercambio, es "ETH". Ethereum es la segunda mayor criptomoneda descentralizada, con una capitalización de mercado de más de 448.000 millones de euros en octubre de 2021.

En julio de 2016, el equipo de desarrollo de Ethereum tuvo que llevar a cabo un hard fork tras el éxito del ataque de un grupo de hackers a un fondo de inversión en Ether llamado The DAO (organización autónoma descentralizada), en el que cerca de 3.641.694 ETH (o más del 5% de la cantidad total de criptomoneda en circulación) fueron secuestrados desde una dirección no controlada por los miembros de The DAO. Este hard fork revirtió la apropiación indebida y devolvió los fondos a la organización autónoma descentralizada. Sin embargo, este cambio no obtuvo un consenso absoluto y una pequeña parte de la comunidad no lo aplicó, lo que dio lugar a la formación de dos blockchains separadas: una oficial con la unidad monetaria Ether (símbolo: ETH) y su escisión con la unidad monetaria clásica Ether (en) (símbolo: ETC).

Al igual que otras criptomonedas basadas en la tecnología Blockchain, Ethereum ha sido criticada por su elevadísima huella de carbono. Con el fin de reducir significativamente su huella de carbono, el 15 de septiembre de 2022, Ethereum completó la transición de su mecanismo de validación de proof-of-work a proof-of-stake, en una importante actualización conocida como "The Merge" / "La Fusion"; el consumo de energía de Ethereum se redujo entonces en torno al 99,95%.

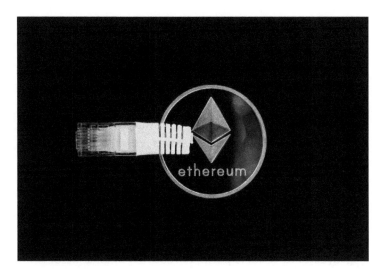

Historia

Origen y lanzamiento

El programador y cofundador de la revista Bitcoin, Vitalik Buterin, descubrió las criptomonedas con Bitcoin en 2011 y decidió crear un nuevo protocolo utilizando un lenguaje Turing-Complete en lugar de cargar la estructura de Bitcoin, nació la idea de Ethereum. Buterin argumentó a los desarrolladores de Bitcoin Core que Bitcoin y la tecnología blockchain podían beneficiar a aplicaciones distintas del dinero y que necesitaban un lenguaje más robusto para desarrollar aplicaciones: esto podría llevar a adjuntar activos del mundo real, como acciones y propiedades, a la blockchain.

Buterin trabajó brevemente con el consejero delegado de eToro, Yoni Assia, en el proyecto Colored Coins y escribió su libro blanco describiendo otros casos de uso para la tecnología blockchain. Sin embargo, tras no llegar a un acuerdo sobre cómo debía continuar el proyecto, propuso el desarrollo de una nueva plataforma con un lenguaje de scripting más robusto que acabaría convirtiéndose en Ethereum. En diciembre de 2013, Vitalik Buterin publicó una descripción de su proyecto Ethereum en forma de libro blanco con el objetivo de lanzar aplicaciones descentralizadas. A principios de 2014, puso en preventa los primeros Ethers para financiar el desarrollo del proyecto. La venta le permitió recaudar 31.591 bitcoins por valor de más de 18 millones de dólares de la época, por 60 millones de Ethers vendidos. La blockchain de Ethereum se lanzó el 30 de julio de 2015, pero Buterin no pretendía en un principio crear una criptodivisa.

Ethereum se anunció en la Conferencia Norteamericana de Bitcoin celebrada en Miami en enero de 2014. Durante la conferencia, Gavin Wood, Charles Hoskinson y Anthony Di Iorio (que financió el proyecto) alquilaron una casa en Miami con Buterin, donde pudieron hacerse una idea más clara de en qué podría convertirse Ethereum. Di Iorio invitó a declarar a su amigo Joseph Lubin, que a su vez invitó al periodista Morgen Peck. Peck escribió más tarde sobre la experiencia en *Wired*.

Seis meses después, los fundadores se reunieron de nuevo en Zug (Suiza), donde Buterin les dijo que el proyecto continuaría como una organización sin ánimo de lucro. Hoskinson abandonó el proyecto en ese momento y poco después fundó IOHK, una empresa de blockchain responsable de Cardano.

La primera versión del software, llamada *Frontier*, fue desarrollada por la empresa suiza Ethereum Switzerland GmbH (*EthSuisse*), dirigida entonces por Joseph Lubin. También se creó otra empresa suiza, la Fundación Ethereum, sin ánimo de lucro, para promover el desarrollo de esta nueva moneda.

En marzo de 2016, la nueva versión del programa pasó a llamarse *Homestead*.

Las próximas versiones de *Metropolis*, seguidas de *Serenity,* están actualmente en fase de desarrollo.

Ethereum, la segunda mayor blockchain en términos de capitalización bursátil, celebró su octavo cumpleaños el 30 de julio de 2023.

Robo y piratería

La ODA **y su piratería informática**

En mayo de 2016, se creó una organización autónoma descentralizada para recaudar fondos, en forma de Ether, para financiar proyectos utilizando la blockchain de

Ethereum. Esta creación fue ampliamente aclamada por la comunidad y sus inversores, recaudando más de 12.000.000 de Ether (o el 15% del total de la moneda emitida por un total de más de 150 millones de euros) antes de que un fallo en el código de *TheDAO* fuera explotado por piratas informáticos que, el 17 de junio de 2016, secuestraron casi un tercio de los fondos recaudados por el proyecto y los trasladaron a un clon en el que, según las propias normas de *TheDAO,* los fondos están congelados como medida de precaución por un período de un mes.

Durante este tiempo, la comunidad Ethereum y sus miembros fundadores debatieron si recuperar o no el Ether malversado y si liquidar o no *TheDAO*. Decidieron liquidar el fondo de inversión y reprogramar la blockchain para revertir los efectos de la piratería y volver a acreditar el fondo de inversión con los fondos robados para, finalmente, reembolsar a los inversores.

Sin embargo, alrededor del 15% de la potencia de cálculo de los mineros de Ether se negaron a aplicar este cambio, lo que dio lugar a la creación de dos blockchains distintas, una oficial y respaldada por los desarrolladores (Ether con el símbolo: ETH), y otra no oficial con la moneda *clásica Ether* (símbolo: ETC) en la que los hackers mantienen la moneda secuestrada de *TheDAO*. Esta nueva moneda es, por tanto, separada y distinta de Ether, y constituye una nueva criptodivisa con escasa potencia de cálculo, lo que la hace potencialmente más vulnerable a un ataque del 51%.

Antes de que se aplicara la reprogramación de la blockchain, cualquier dirección que poseyera Ether se duplicaba, por tanto, con outstandings de ETH en la blockchain oficial (se conserva el valor en unidades de cuenta) y la misma cantidad en ETC, en la blockchain de Sedition. El ETC, una nueva criptomoneda, sólo puede utilizarse en la blockchain respaldada por la red de mineros de Sedición y el ETH sólo puede utilizarse en la blockchain oficial reprogramada. Si una blockchain se divide en dos, los usuarios pueden ser potencialmente vulnerables a ataques de repetición en los que un hacker intercepta una transacción en una de las cadenas (dominante o no) y la retransmite en la segunda. Como la clave privada del usuario es la misma en ambas cadenas, la firma de la transacción inicial también será válida en ambas.

A finales de septiembre de 2016, el valor del éter clásico (ETC) rondaba el 10 % del valor del éter (ETH) en las bolsas que habían aceptado negociar esta nueva criptodivisa, tras una introducción en torno al 3 % y un pico de más del 45 % a principios de agosto de 2016.

Ataque a la red Ronin (robo de más de 500 millones de dólares)

Esta red, que proporciona soporte financiero al juego online Axie Infinity, fue hackeada el 23 de marzo de 2022, robando 173.699 ethereums y 22,5 millones de USDC a través de una brecha de seguridad (es decir, una suma valorada en unos 615 millones de dólares al precio de estas criptodivisas en el momento del anuncio, y 545 millones el día del ataque). La empresa ha anunciado que está trabajando con las autoridades, los criptógrafos y sus inversores para recuperar o reembolsar los fondos robados.

Según Ronin, el hacker engañó al sistema de validación de transacciones, que normalmente impide las transferencias fraudulentas.

Cooperación descentralizada

Ethereum está permitiendo la aparición de nuevas formas de colaboración, gracias a la reducción de los costes de transacción, en el sentido económico del término, entre colaboradores.

Ethereum 2.0

Actualmente se está desarrollando una importante actualización de Ethereum conocida como Ethereum 2.0 o Eth2. El principal objetivo de la actualización es aumentar el rendimiento de las transacciones de la red de unas 15 transacciones por segundo a decenas de miles de transacciones por segundo.

Ethereum 2.0 (también conocido como Serenity) está diseñado para lanzarse en tres fases:

1. La "Fase 0", también conocida como "The Beacon Chain", se puso en marcha el 1 de diciembre de 2020 y creó la Beacon Chain, una blockchain de prueba de participación (PoS) que actuará como eje central de coordinación y consenso de Ethereum 2.0.

2. "Fase 1", también conocida como "The Merge" / "La Fusión", fusionó la Cadena Beacon con la red Ethereum, trasladando su mecanismo de consenso de prueba-de-trabajo a prueba-de-participación. "La Fusión" se realizó finalmente el 15 de septiembre de 2022 a las 8:42:59.

3. La "Fase 2", también conocida como "The Surge", implementará la ejecución con estado en cadenas de fragmentos, y la actual cadena Ethereum 1.0 se convertirá en uno de los fragmentos de Ethereum 2.0. Las cadenas de fragmentos distribuirán la carga de la red entre 64 nuevas cadenas. Las cadenas fragmentadas repartirán la carga de la red entre 64 nuevas cadenas. Desde el 22 de enero de 2022, se espera su lanzamiento en 2023.

Características generales

El primer bloque, denominado *"bloque génesis",* se creó el 30 de julio de 2015. En él se distribuyeron los 60 millones de Ethers de la preventa, así como 12 millones de Ethers a desarrolladores. Desde entonces, solo se pueden emitir nuevos Ethers *minando* bloques, el proceso mediante el cual las transacciones se verifican, registran y aseguran en *la cadena de bloques*. El software paga a los mineros 2 Ethers por cada bloque minado, es decir, de media cada 13 segundos, lo que significa que cada año se emiten más de 5 millones de nuevos Ethers.

La cadena de bloques Proof of Stake de Ethereum ha suscitado preocupaciones sobre la centralización en relación con la salud y seguridad a largo plazo de Ethereum.

En 2018, en una versión del software llamada *Serenity,* se planeó cambiar el proceso de minería Proof of Work por Proof of Stake para limitar el consumo eléctrico de la red Ethereum. Esta actualización también incluirá cambios en la emisión de Ether. Es probable que disminuya la remuneración de los mineros, pero los desarrolladores aún no han decidido si será así. Tras numerosas operaciones y retrasos, este cambio, conocido como "fusión", se hizo efectivo el 15 de septiembre de 2022, reduciendo el consumo de energía en un 99,95%.

El éter puede subdividirse en varios múltiplos y submúltiplos:

Al igual que ocurre con Bitcoin, los Ethers pueden almacenarse en un monedero. Este monedero está asociado a una clave pública (la dirección, que permite recibir Ethers de otras cuentas) y a una clave privada (que permite enviar Ethers a otras cuentas).

Coste de implantación de los contratos inteligentes

La ejecución de un contrato inteligente, ya sea una simple transferencia de Ether entre dos cuentas o la ejecución de varias líneas de código en un contrato, requiere que los mineros reciban una remuneración por la tarea realizada. Este pago se realiza en Ether a una escala infinitesimal, conocida como gas. Cada transacción en la blockchain *de Ethereum* "cuesta" gas, que corresponde al esfuerzo necesario para procesar esa transacción. El precio del gas fluctúa en función del mercado: cada minero puede fijar su propio precio, que corresponde al número de Ether que desea recibir por el esfuerzo que realiza.

En junio de 2016, el precio medio del gas era de 0,0000000225 Ether. Así, una transacción de transferencia básica entre dos direcciones que requiera 21.000 gases corresponde a un coste medio de 0,00047 Ether en gastos de tramitación. Este sistema permite:

- mineros poco eficientes o codiciosos a negarse a procesar rápidamente operaciones pesadas exigiendo un precio del gas elevado;

- evitar que determinados contratos resulten inasequibles cuando suba el precio del Éter; de hecho, el número de gases necesarios para la ejecución viene definido por la complejidad de las operaciones, mientras que el precio del gas puede ajustarse en función del precio del Éter;

- evitar que un bucle infinito en el código se ejecute eternamente, ya que cuando se ha consumido todo el gas suministrado en la transacción, el minero deja de procesar la operación y cancela la transacción (pero el gas se ha consumido).

Los usuarios eligen el precio que están dispuestos a pagar: si pagan por debajo del precio medio, su contrato tardará mucho más en completarse, ya que todas las transacciones más rentables se ejecutan primero.

Tether

Tether (abreviado USDT) es una criptomoneda stablecoin emitida por Tether Limited. Históricamente, la compañía afirmaba que cada moneda estaba respaldada por un dólar estadounidense, pero a partir del 14 de marzo de 2019, cambió su respaldo para incluir préstamos a empresas afiliadas. En abril de 2019, el Fiscal General del Estado de Nueva York acusó a la plataforma de intercambio Bitfinex de usar Tethers para ocultar la ausencia de 850 millones de dólares desde mediados de 2018. Es por estos diversos puntos que Tether es controvertido.

Tether se percibe como una stablecoin porque fue diseñada originalmente para valer siempre 1,00 $, reteniendo 1,00 $ en reservas por cada Tether emitido. Sin embargo, Tether Limited afirma que los titulares de Tether no tienen ningún derecho contractual, otro recurso legal o garantía de que Tether será redimido. El 30 de abril de 2019, el abogado de Tether Limited declaró que cada Tether solo estaba protegido en la medida de 0,74 dólares.

Tether Limited y la criptomoneda Tether son objeto de controversia debido a que la empresa no ha presentado una auditoría que demuestre la existencia de reservas suficientes, por su supuesto papel en la manipulación del precio del bitcoin, por su relación poco clara con la plataforma Bitfinex y por la aparente falta de relaciones bancarias a largo plazo. David Gerard escribe en el Wall Street Journal que Tether es, en cierto modo, el banco central del comercio de criptomonedas, aunque no se comporta como una institución financiera responsable y sensata. El precio de Tether, debido a la pérdida de confianza de los inversores en la esquina cayó el 15 de octubre de 2018 a 0,90 dólares, su nivel más bajo. El 20 de noviembre de 2018, Bloomberg informó de que los fiscales federales estadounidenses estaban investigando el uso de Tether para manipular el precio de Bitcoin. En 2019, Tether superó a Bitcoin en términos de volumen de operaciones, con más transacciones diarias y mensuales que cualquier otra criptomoneda.

Historia

En enero de 2012, en un libro blanco, JR Willett describió la posibilidad de crear nuevas monedas además del protocolo Bitcoin. Willett ayudó a poner en práctica esta idea en la criptomoneda *Mastercoin*, a la que está asociada una *Fundación Mastercoin* () para promover el uso de esta nueva "segunda capa". El protocolo Mastercoin se convirtió en la base de Tether, y Brock Pierce, uno de los miembros originales de la Fundación Mastercoin, se convirtió en cofundador de Tether. Otro fundador de Tether, Craig Sellars, fue CTO de la Fundación Mastercoin.

El antepasado de Tether, originalmente llamado "Realcoin", fue anunciado en julio de 2014 por los cofundadores Brock Pierce, Reeve Collins y Craig Sellars como una startup con sede en Santa Mónica. Las primeras monedas se emitieron el 6 de octubre de 2014 en la blockchain de Bitcoin utilizando el protocolo Omni Layer. El 20 de noviembre de 2014, la dirección de Tether, a través de Reeve Collins, anuncia el nuevo nombre del proyecto: "Tether". La compañía también anuncia que está entrando en beta privada, que admite un "Tether + token" para tres monedas: USTether (US +) para dólares estadounidenses, EuroTether (EU +) para euros y YenTether (JP +) para yenes japoneses. La empresa afirma: "Cada token Tether + está garantizado al 100% por su moneda original y puede utilizarse en cualquier momento sin riesgo de divisa". El sitio web de la empresa dice que tiene su sede en Hong Kong y oficinas en Suiza, sin dar más detalles.

En enero de 2015, Bitfinex, una plataforma de criptomonedas, integró Tether en su plataforma. Aunque los representantes de Tether y Bitfinex afirman que ambas están separadas, en noviembre de 2017 los Paradise Papers revelaron que los directivos de Bitfinex Philip Potter y Giancarlo Devasini crearon *Tether Holdings*

Limited en las Islas Vírgenes Británicas en 2014. Un portavoz de Bitfinex y Tether dijo que el director ejecutivo de ambas empresas era Jan Ludovicus van der Velde. Según el sitio web de Tether, con sede en Hong Kong, *Tether Limited* es una filial propiedad al cien por cien de *Tether Holdings Limited*. Bitfinex es una de las mayores plataformas de intercambio de Bitcoin del mundo por volumen.

Durante un tiempo, Tether procesó transacciones en dólares estadounidenses a través de bancos taiwaneses, que a su vez enviaban el dinero a través de Wells Fargo Bank para permitir que estos fondos salieran de Taiwán. Tether anunció que el 18 de abril de 2017, estas transferencias internacionales habían sido bloqueadas. Bitfinex y Tether presentaron una demanda contra Wells Fargo en el Tribunal de Distrito de los Estados Unidos para el Distrito Norte de California. La demanda fue retirada una semana después. En junio de 2017, la Fundación Omni y Charlie Lee anunciaron que Tether pronto se lanzaría en la capa Omni de Litecoin. En septiembre de 2017, Tether anunció que lanzaría nuevos tokens ERC-20 en dólares estadounidenses y euros en la blockchain de Ethereum. Tether confirmó posteriormente que los tokens Ethereum habían sido emitidos. Actualmente, hay un total de cuatro tokens Tether independientes: el Tether en dólares estadounidenses en la capa Omni de Bitcoin, el Tether en euros en la capa Omnium de Bitcoin, el Tether en dólares estadounidenses como token ERC-20 y el Euro como token ERC-20.

De enero de 2017 a septiembre de 2018, los outstandings de Tether crecieron de alrededor de 10 millones de dólares a unos 2.800 millones de dólares. A principios de 2018, Tether representaba alrededor del 10% del volumen de operaciones de bitcoin, pero durante el verano de 2018 representó hasta el 80% del volumen de bitcoin. La investigación sugiere que un esquema de manipulación de precios que involucraba a Tether representó alrededor de la mitad del aumento de los precios de bitcoin a finales de 2017. En agosto de 2018 se emitieron más de 500 millones de dólares en Tether.

El 15 de octubre de 2018, el precio de Tether cayó brevemente a 0,88 USD debido al riesgo de crédito percibido, ya que los operadores de Bitfinex intercambiaron su Tether por Bitcoin, lo que provocó el aumento del precio de Bitcoin.

Tether Limited nunca ha demostrado la cobertura total que reclama mediante una auditoría prometida de sus reservas de divisas.

En abril de 2019, la fiscal general del estado de Nueva York, Letitia James, presentó una demanda acusando a Bitfinex de utilizar las reservas de Tether para cubrir una pérdida de 850 millones de dólares. Bitfinex no pudo obtener una relación bancaria normal según la demanda. Así que depositó más de 1.000 millones de dólares en un procesador de pagos panameño, Crypto Capital Corp. Los fondos fueron supuestamente confundidos con depósitos corporativos y de clientes y no se firmó ningún contrato con Crypto Capital. James afirmó que en 2018, Bitfinex y Tether sabían o sospechaban que Crypto Capital había escapado con el dinero, pero sus inversores nunca fueron informados de la pérdida.

Reggie Fowler, que se cree que tiene vínculos con Crypto Capital, fue acusado el 30 de abril de 2019 de dirigir un negocio de transferencia de dinero sin licencia para operadores de divisas virtuales. Supuestamente no devolvió alrededor de 850 millones de dólares a un cliente anónimo. Los investigadores también incautaron 14.000 dólares en billetes falsos en su oficina.

Presunta manipulación de precios

La investigación realizada por John M. Griffin y Amin Shams en 2018 sugiere que las transacciones asociadas con los aumentos en la cantidad de Tether y el comercio en Bitfinex representaron alrededor de la mitad del aumento en los precios de bitcoin a finales de 2017.

Los periodistas de Bloomberg News trataron de verificar las acusaciones de que el precio de Tether estaba siendo manipulado en la plataforma de intercambio Kraken, y encontraron pruebas de manipulación de precios. Las banderas rojas incluían órdenes pequeñas que movían el precio tanto como las órdenes grandes, y "órdenes extrañamente específicas - muchas de hasta cinco decimales, algunas repitiéndose con frecuencia". Según la profesora de la Universidad de Nueva York Rosa Abrantes-Metz y el ex examinador bancario de la Reserva Federal de EE.UU. Mark Williams, estas órdenes inusualmente grandes podrían haberse utilizado para señalar el blanqueo de operaciones en programas de negociación automatizada.

Según el sitio web de Tether, Tether puede ser recién emitido, por compra de dólares, o canjeado por intercambios y empresas calificadas, excluyendo a los clientes ubicados en los Estados Unidos. El reportero Jon Evans dijo que no pudo encontrar ejemplos públicamente verificables de Tether siendo comprado, recién emitido o redimido en el año que terminó en agosto de 2018.

J.L. van der Velde, consejero delegado de Bitfinex y Tether, negó las acusaciones de manipulación de precios: "Ni Bitfinex ni Tether han participado nunca en la manipulación del mercado o de los precios. Las emisiones de Tether no pueden utilizarse para aumentar el precio del bitcoin ni de ninguna otra moneda en Bitfinex".

Las citaciones de la Commodity Futures Trading Commission se enviaron a Tether y Bitfinex el 6 de diciembre de 2017. Friedman LLP, el antiguo auditor de Tether, también fue citado. Noble, por su parte, utilizó el Bank of New York Mellon Corporation como custodio. Desde octubre de 2018, Nobel Bank se ha puesto a la venta y, según los informes, ya no tiene relaciones bancarias con Tether, Bitfinex o el Bank of New York Mellon. Aunque Bitfinex no tiene conexiones bancarias para aceptar depósitos en dólares, la empresa ha negado que sea insolvente.

Tether anunció una nueva relación bancaria con el banco Deltec, con sede en Bahamas, en noviembre de 2018 a través de una carta, supuestamente de Deltec, en la que se afirmaba que Tether tenía 1.800 millones de dólares depositados en el banco. La carta tenía dos párrafos y una firma ilegible, sin el nombre del autor impreso. Un portavoz de Deltec se negó a confirmar la información contenida en la carta a los periodistas de Bloomberg. Sin embargo, la carta fue certificada como auténtica por el director de Deltec, Jean Chalopin.

Investigación académica

La investigación de Griffin y Shams reveló que los precios del bitcoin subían después de que Tether alcanzara nuevos USD₮ durante las caídas del mercado. Especularon que se trataba de un intento de manipular el mercado. Estos resultados fueron rebatidos por la bolsa de criptomonedas Bitfinex, que afirmó que los autores habían seleccionado datos y no disponían de un conjunto de datos completo.

Seguridad y liquidez

Tether afirma que tiene la intención de mantener todos los dólares estadounidenses en reserva para poder realizar retiradas de los clientes bajo demanda, aunque no pudo satisfacer todas las solicitudes de retirada en 2017. Tether afirma que hace transparentes las tenencias de reservas a través de una auditoría externa; sin embargo, tales auditorías no existen. En enero de 2018, Tether anunció que ya no tenía relación con su auditor. Aproximadamente 31 millones de dólares en tokens USDT fueron robados de Tether en noviembre de 2017. El análisis posterior de la blockchain de Bitcoin reveló un estrecho vínculo entre el hackeo de Tether y el hackeo de Bitstamp de enero de 2015. En respuesta al robo, Tether suspendió la negociación y dijo que desplegaría un nuevo software para implementar una "bifurcación" de emergencia para inutilizar todos los tokens identificados por Tether como robados. Tether dijo que a partir del 19 de diciembre de 2017, la compañía reactivó sus servicios de cartera y comenzó a procesar los atrasos de las transacciones pendientes.

Interrogantes en torno a las reservas de dólares

Un crítico de blockchain planteó dudas sobre la relación entre Bitfinex y Tether, acusando a Bitfinex de crear "tethers mágicos de la nada". En septiembre de 2017, Tether publicó un "memorando" de una empresa de contabilidad que, según Tether Limited, mostraba que los tethers estaban financiados en su totalidad por dólares estadounidenses; Sin embargo, según el *New York Times*, el abogado independiente Lewis Cohen dijo que el documento, debido a su cuidadosa redacción, no prueba que las monedas de Tether estén respaldadas por dólares." Los documentos tampoco verifican si los saldos en cuestión están restringidos de otro modo". La empresa de contabilidad declaró específicamente que "Esta información está destinada únicamente a ayudar a la gestión de Tether Limited ... y no está destinado a ser, y no debe ser, utilizado o invocado por cualquier otra parte." Tether ha declarado en repetidas ocasiones que presentarían auditorías que demostraran que el importe de los embargos pendientes está garantizado individualmente por dólares estadounidenses en depósito. No lo han hecho. Un intento de auditoría en junio de 2018 se publicó en su sitio web ese mismo mes. El bufete de abogados Freeh, Sporkin & Sullivan (FSS) presentó un informe que parecía confirmar que los embargos emitidos estaban totalmente garantizados en dólares. Sin embargo, según FSS, "FSS no es una empresa de contabilidad y no realizó la revisión y las confirmaciones anteriores de acuerdo con los principios de contabilidad generalmente aceptados" y "La confirmación anterior de los saldos de las cuentas bancarias y vinculadas no debe interpretarse como el resultado de una auditoría de acuerdo con las normas de auditoría generalmente aceptadas."

Stuart Hoegner, consejero general de Tether, ha declarado: "La conclusión es que no se puede obtener una auditoría. Las cuatro grandes empresas son anatema para este nivel de riesgo. Vamos a lo que creemos que es la siguiente mejor opción".

Durante una investigación sobre manipulación de precios de la Comisión de Comercio de Futuros de Materias Primas de Estados Unidos y el Departamento de Justicia de Estados Unidos, Phil Potter, director de estrategia de Bitfinex y jefe de Tether Limited, dejó Bitfinex en 2018 . Según Bloomberg, la investigación estaba en curso el 20 de noviembre de 2018 y se centraba en torno a Tether y Bitfinex.

Solana

Solana es una plataforma pública de cadena de bloques con funcionalidades de contrato inteligente. Es uno de los principales competidores de Ethereum en blockchain.

Historia

Anatoly Yakovenko describe el proyecto Solana en un *libro blanco* publicado en noviembre de 2017. El libro blanco introduce una técnica denominada "prueba de la historia". El 16 de marzo de 2020 se creó el primer bloque Solana.

En septiembre de 2020, Tether anuncia la disponibilidad de USDT en Solana. En enero de 2021, Circle publica el USDC en Solana.

En junio de 2021, Solana recaudó 314 millones de dólares con la ayuda de Andreessen Horowitz.

En septiembre de 2021, la periodista de Bloomberg Joanna Ossinger describió Solana como "un potencial rival a largo plazo de Ethereum", citando velocidades de transacción superiores y costes más bajos.

En diciembre de 2021, Melania Trump publicó su primera NFT en Solana, que se habría vendido por 1 SOL. Un representante de Solana afirma que no se trata de una iniciativa de Solana.

El 20 de febrero de 2022, el festival de música Coachella utilizará las NFT de Solana para ofrecer ventajas como el acceso VIP al festival.

La cadena de bloques Solana sufrió seis averías a lo largo de 2022. A principios de agosto de 2022, unos piratas informáticos consiguieron desviar 6 millones de dólares de los monederos digitales de la red Solana. Los hackers utilizaron un fallo de la red Solana.

En noviembre de 2022, Google anuncia que se ha convertido en validador de Solana. Ese mismo mes, el precio de Solana cae un 40% en un día tras la crisis de liquidez de FTX, debido a la venta de Alameda Research, siendo Solana la segunda mayor participación de Alameda. En ese momento, FTX poseía 982 millones de dólares en tokens de Solana. En 2022, Solana había perdido más de 50.000 millones de dólares, es decir, el 96% de su valor.

En diciembre de 2022, la criptodivisa se disparó un 23% tras un tuit del cofundador de Ethereum, Vitalik Buterin, que hablaba de un "futuro brillante" para la blockchain Solana.

En febrero de 2023, Def Jam y Universal Music Group ficharon a The Whales, una banda de avatares gamificados creada en torno a los NFT de Solana.

Bajo consumo de energía

Según el informe de la Fundación Solana, una sola transacción de Solana requiere 0,51 Wh o 1.836 julios. En comparación, una sola búsqueda en Google consumiría unos 1.080 J. Así pues, dos búsquedas en Google consumirían más energía que una transacción en la red Solana. Una transacción en Solana también requiere 24 veces menos energía que recargar un teléfono móvil. Una transacción consume menos energía que mantener una bombilla LED encendida durante una hora, es decir, unos 36.000 J, o que trabajar durante una hora con un ordenador y un monitor, es decir, unos 46.800 J.

Esta criptomoneda sería, por tanto, una de las "buenas estudiantes" en términos medioambientales.

Ripple

Ripple creó y desarrolla el protocolo de pago y la red de intercambio Ripple. Originalmente llamada Opencoin y rebautizada Ripple Labs hasta 2015, la empresa se fundó en 2012 y tiene su sede en San Francisco (California).

Historia

Ryan Fugger concibió Ripple en 2004 tras trabajar en un sistema de intercambio local en Vancouver (Canadá). El objetivo era crear un sistema monetario descentralizado que permitiera a individuos y comunidades crear su propia moneda. Fugger creó la primera iteración del sistema, RipplePay.com. Mientras tanto, en mayo de 2011, Jed McCaleb comenzó a desarrollar un sistema de moneda virtual en el que las transacciones se verifican por consenso entre los miembros de la red, en lugar del proceso de minería utilizado por bitcoin. En agosto de 2012, Jed McCaleb contrató a Chris Larsen y ambos se acercaron a Ryan Fugger con su idea de moneda virtual. Tras mantener conversaciones con McCaleb y antiguos miembros de la comunidad Ripple, Fugger les cedió las riendas. En septiembre de 2012, Chris Larsen y Jed McCaleb cofundaron OpenCoin.

OpenCoin comienza el desarrollo del protocolo ripple (RTXP) y de la red de pagos e intercambio Ripple. El 11 de abril de 2013, OpenCoin anuncia que ha completado una ronda de recaudación de fondos con varias empresas de capital riesgo. Ese mismo mes, OpenCoin adquiere SimpleHoney para contribuir a popularizar las monedas virtuales y hacerlas más accesibles al usuario medio. El 14 de mayo de 2013, OpenCoin anunció que había completado una segunda ronda de financiación. En julio de 2013, Jed McCaleb se retira de su puesto activo en Ripple.

El 26 de septiembre de 2013, OpenCoin cambió oficialmente su nombre por el de Ripple Labs, Inc. Su CTO, Stefan Thomas, anuncia además que el código fuente de los nodos peer-to-peer detrás de la red de pagos Ripple se convierte oficialmente en *código* abierto. Algunas partes de Ripple, en particular un cliente web basado en JavaScript, se habían hecho de código *abierto* varios meses antes, pero la liberación de Rippled como un "nodo completo" peer-to-peer significaba que la comunidad tenía ahora las herramientas necesarias para mantener la propia red Ripple.

El 5 de mayo de 2015, Ripple recibió una sanción civil de 700.000 dólares de la Financial Crimes Enforcement Network (FinCEN).

El 6 de octubre de 2015, Ripple Labs pasó a llamarse Ripple.

El 13 de junio de 2016, Ripple obtuvo una licencia de moneda virtual del Departamento de Servicios Financieros del Estado de Nueva York, convirtiéndose en la cuarta empresa con una "BitLicense".

En mayo de 2018, un inversor llamado Ryan Coffey presentó una demanda contra Ripple Labs, así como contra otras empresas y personas vinculadas a XRP, alegando que esta moneda virtual es un valor. Según Coffey, XRP debería haber sido registrado en la Comisión de Bolsa y Valores, y el hecho de que no lo fuera significa que Ripple Labs, que el demandante cree que creó XRP de la nada, debe reembolsar a los inversores por sus pérdidas. Otros demandantes, entre ellos Bradley Sostack, se están uniendo a lo que se está convirtiendo en una demanda consolidada. El juicio tendrá lugar en California en enero de 2020.

Modelo de negocio

Ripple es una empresa de capital privado, financiada mediante la venta de su token XRP. Ha completado varias rondas de financiación por un total de 296 millones de dólares, incluidas dos rondas de business angels, una ronda semilla, dos rondas Serie A, una ronda Serie B y una ronda Serie C.

Ingresos

Las fuentes de ingresos de Ripple incluyen los servicios profesionales prestados a los operadores de redes financieras en proceso de integración con Ripple, el software desarrollado para integrar los sistemas financieros existentes con Ripple y la moneda nativa (XRP). Ripple también está respaldada por una serie de inversores establecidos que proporcionan una capa adicional de estabilidad financiera.

Entre 2016 y 2019, Ripple Labs ganó más de 1.200 millones de dólares con la venta de su token XRP.

Programa y proyectos

Donaciones benéficas

De sus 80.000 millones de XRP, Ripple está siguiendo una estrategia de distribución que incluye pagos a socios comerciales como pasarelas, creadores de mercado y organizaciones benéficas.

Ripple Labs empezó a trabajar con World Community *Grid* en noviembre de 2013. La *World Community Grid* pone en común el excedente de energía de los ordenadores y dispositivos electrónicos de los voluntarios para apoyar causas humanitarias como la lucha contra el sida, la mejora de la energía solar y la lucha contra el cáncer. Las personas que se unen al equipo de Ripple Labs y donan su tiempo libre de máquina son recompensadas con XRP. A fecha de 18 de marzo de 2014, Ripple Labs ha donado 134.528.800 XRP a través de *World Community Grid*, a un ritmo de 1.250.000 XRP al día.

Desarrollo de software

Ripple Labs lanza un portal para desarrolladores destinado a reunir herramientas y recursos para la comunidad de desarrolladores. Entre ellos figura una interfaz de programación para su red de pagos, basada en el conocido estándar REST. La empresa también ha desarrollado un programa de recompensas para desarrolladores externos, con el fin de animarles a crear servicios para su red que combinen protocolo y pago. El primero ha sido el desarrollador Mathijs Koenraadt, que ha desarrollado una extensión de Ripple para la plataforma de comercio electrónico Magento. La extensión permite a Magento leer el registro público de Ripple y crear una factura. La joyería de lujo europea Rita Zachari la ha adoptado, y es uno de los primeros comerciantes en ofrecer una opción de pago con monedero Ripple en la caja.

Ripple Labs participó en varios proyectos de desarrollo relacionados con el protocolo, por ejemplo poniendo a disposición una aplicación cliente iOS para iPhone que permitía a los usuarios de iPhone enviar y recibir cualquier moneda a través de su teléfono. Esta aplicación cliente de Ripple ya no existe.

El 2 de julio de 2013, Ripple Labs anunció su vinculación de los protocolos bitcoin y Ripple a través del puente bitcoin. El puente bitcoin permite a los usuarios de Ripple enviar un pago en cualquier moneda a una dirección bitcoin.

Asociaciones e iniciativas

CrossCoin Ventures puso en marcha en marzo de 2014 una aceleradora que financia empresas que trabajan para hacer avanzar el ecosistema Ripple. La empresa financia startups aceptadas con hasta 50.000 dólares en XRP, la moneda nativa de Ripple, a cambio de una participación del 3% al 6% en acciones ordinarias diluidas. CrossCoin y Ripple Labs, Inc. proporcionan tutoría y apoyo.

Ripple también se ha asociado con empresas como ZipZap, una relación que la prensa ha calificado de amenaza para Western Union.

Junto con otros líderes del sector, Ripple Labs se convirtió en miembro cofundador de Digital Asset Transit Authority (DATA) en julio de 2013. DATA proporciona mejores prácticas y normas técnicas, incluidas directrices de cumplimiento contra el blanqueo de capitales para las empresas que trabajan con moneda digital y otros sistemas de pago emergentes. El comité trabaja como enlace con organismos públicos, empresas y consumidores, y crea normas comunes para proteger a los consumidores. La iniciativa pretende crear una voz coherente para los miembros de la comunidad bitcoin a la hora de interactuar con los reguladores.

Premios

Por su creación, el desarrollo del protocolo Ripple (RTXP) y la red de pagos/intercambio Ripple, el Instituto Tecnológico de Massachusetts (MIT) reconoció a Ripple Labs como una de las 50 empresas más inteligentes de 2014 en el número de febrero de 2014 de *MIT Technology Review*. Los criterios para el reconocimiento giraban en torno a la pregunta "¿Ha realizado una empresa avances en el último año que definirán su campo de aplicación?".

El 9 de febrero de 2014, Ripple Labs fue nombrada finalista del Premio PYMNTS 2014 a la Innovación en dos categorías distintas: "Mejor nueva tecnología" y "Empresa más disruptiva". El reconocimiento está relacionado con el trabajo de Ripple Labs en la creación de Ripple, un protocolo de pago distribuido y de código abierto que impulsa una nueva red global de valor.

Otros premios

- Febrero de 2015 - Fast Company. Las 10 empresas monetarias más innovadoras del mundo en 2015.

- Febrero de 2015 - American Banker. 20 proveedores de tecnología financiera a tener en cuenta.

- Agosto de 2015 - Ripple Labs galardonado como pionero tecnológico por el Foro Económico Mundial.

- Diciembre de 2015 - Forbes. Los 50 proveedores de tecnología financiera.

- Diciembre de 2015 - H2 Ventures, KPMG. Los 100 proveedores de tecnología financiera.

- Marzo de 2016 - Proyecto de innovación PYMNTS 2016. Mejor innovación B2B.

- Junio de 2016 - Fortune. Los 5 mejores proveedores de tecnología financiera.

Fincen multa a Ripple

El 5 de mayo de 2015, FinCEN multó a Ripple Labs y XRP II con 700.000 dólares por violar la Ley de Secreto Bancario, basándose en las adiciones de la Red de Aplicación de Delitos Financieros a la ley en 2013.Ripple Labs acordó entonces medidas correctivas para garantizar el cumplimiento futuro, que incluían un acuerdo para permitir el intercambio de XRP y la actividad "Ripple Trade" solo por parte de empresas de servicios monetarios (MSB) registradas, entre otros acuerdos estaba la mejora del protocolo Ripple. La mejora no cambiará el protocolo en sí, sino que añadirá la supervisión contra el blanqueo de capitales de las transacciones en la red y mejorará el análisis de las transacciones.

Percepción

Desde su creación, el protocolo Ripple ha atraído la atención tanto de los medios financieros como de la prensa general. Ripple ha sido mencionado en artículos del sector The Nielsen Company, Bank of England Quarterly Bulletin, NACHA y KPMG, y en varios artículos se examina la influencia de Ripple en la internacionalización del sector bancario. En abril de 2015,

American Banker afirmaba que "desde el punto de vista de los bancos, este tipo de libros de contabilidad distribuidos, como el sistema Ripple, presentan una serie de ventajas en comparación con criptomonedas como el bitcoin", entre ellas la seguridad. Como escribió el Banco de la Reserva Federal de Boston, "la aceptación de este tipo de redes distribuidas como Ripple puede ayudar al sector bancario a lograr un procesamiento más rápido, así como a aumentar la eficiencia de los pagos globales y los servicios de corresponsalía bancaria". Ken Carson dijo a Esquire sobre Ripple como red de pagos en 2013 que "las grandes marcas de servicios financieros necesitan relacionarse con Ripple como las empresas de grabación de sonido se relacionaron con Napster". En agosto de 2015, Ripple recibió el premio Technology Pioneer del Foro Económico Mundial.

El sitio web Dealbook, propiedad del New York Times, marcó en 2014 que "gana lo que se ha vuelto esquivo para las monedas virtuales: la participación de los actores principales en las finanzas."

USDC

USD Coin (**USDC**) es una criptomoneda estable vinculada al dólar estadounidense. USD Coin está gestionada por un consorcio denominado Centre, fundado por Circle y que incluye a miembros de la bolsa de criptomonedas Coinbase y de la empresa minera Bitcoin, inversora en Circle. El USDC es emitido por una entidad privada y no debe confundirse con una moneda digital de un banco central (CBDC).

Utilice

USDC está disponible principalmente como un token ERC-20 de Ethereum, y en blockchains como Hedera Hashgraph, Algorand, Avalanche, Solana, Stellar, Polygon y Tron.

Reservas

Circle afirma que cada USDC está respaldado por un dólar estadounidense mantenido en reserva, u otras "inversiones aprobadas", aunque estas no se detallan. La redacción en el sitio web de Circle ha cambiado de "respaldado por dólares estadounidenses" a "respaldado por activos totalmente reservados" en junio de 2021.

Las reservas del USDC son certificadas regularmente (pero no auditadas) por Grant Thornton LLP, y las certificaciones mensuales pueden consultarse en la página web del Consorcio del Centro.

Historia

USDC fue anunciado por primera vez el 15 de mayo de 2018 por Circle y lanzado en septiembre de 2018.

El 29 de marzo de 2021, Visa anunció que autorizaría el uso de USDC para realizar transacciones en su red de pagos.

En julio de 2022, Circle informa de que hay 55.000 millones de USDC en circulación.

El 11 de marzo de 2023, el USDC perdió su respaldo en dólares después de que Circle confirmara que 3.300 millones de dólares, o alrededor del 8% de sus reservas, estaban en riesgo debido a la quiebra de Silicon Valley Bank el día anterior. Tras caer hasta 0,87 dólares, el USDC se recuperó hasta 1 dólar después de que Circle anunciara que los 3.300 millones de dólares en poder del SVB estarían disponibles.

Cardano

Cardano es una cadena de bloques de *código abierto,* así
como una plataforma para ejecutar contratos inteligentes.
La criptomoneda interna de Cardano se llama Ada. El
proyecto está dirigido por Charles Hoskinson, cocreador
de Ethereum, y su desarrollo está supervisado por la
Fundación Cardano, con sede en Zug (Suiza). Cardano es
visto por algunos como la síntesis de Bitcoin y Ethereum, y
también pretende ser neutro en carbono. A 13 de agosto
de 2021, era la tercera criptomoneda más grande en
términos de capitalización, después de Bitcoin y
Ethereum.

Historia

La plataforma comenzó a desarrollarse en 2015 y fue
lanzada en 2017 por Charles Hoskinson, cofundador de
Ethereum y BitShares. Según Hoskinson, había
abandonado Ethereum tras una discusión sobre mantener
Ethereum sin ánimo de lucro. Tras su marcha, cofundó
IOHK, una empresa de ingeniería de blockchain, cuya
actividad principal es el desarrollo de Cardano, junto a la
Fundación Cardano y Emurgo. La plataforma lleva el
nombre de Girolamo Cardano y la criptomoneda el de Ada
Lovelace.

La moneda debutó con una capitalización de mercado de 600 millones de dólares. A finales de 2017 tenía una capitalización de mercado de 10.000 millones de dólares y alcanzó brevemente un valor de 33.000 millones de dólares en 2018 antes de que un endurecimiento general del mercado de criptomonedas redujera su valor a 10.000 millones de dólares. A mediados de 2021 su capitalización había aumentado a 39.800 millones de dólares. En 2021 Cardano se encuentra entre las diez mayores blockchain por capitalización del mundo. Cardano pretende superar los problemas existentes en el mercado de las criptomonedas: principalmente que Bitcoin es demasiado lento e inflexible, y que Ethereum no es seguro ni escalable. Sus creadores la consideran una cadena de bloques de tercera generación.

Cardano fue desarrollado y diseñado por un equipo de académicos e ingenieros.

Los contratos inteligentes podrán utilizarse en la red principal de Cardano a partir del 12 de septiembre de 2021.

Aspectos técnicos

Cardano utiliza una tecnología de prueba de participación llamada *Ouroboros*. En comparación, Bitcoin utiliza el sistema de prueba de trabajo; la primera entrada de la cadena de bloques y la cadena de bloques más larga (cadena de bloques con mayor potencia de cálculo) se utilizan para determinar la cadena de bloques honesta. Cardano sólo utiliza la primera entrada de la cadena de bloques, después de lo cual la cadena honesta se prueba localmente sin necesidad de un tercero de confianza.

Dentro de la plataforma Cardano, Ada existe en la capa de liquidación. Esta capa es similar a Bitcoin y rastrea las transacciones. La segunda capa es la capa de cálculo. Esta capa es similar a Ethereum, permitiendo que los contratos inteligentes y las aplicaciones se ejecuten en la plataforma.

Cardano es inusual en el sentido de que no sigue un libro blanco. En su lugar, utiliza principios de diseño destinados a mejorar los problemas que encuentran otras criptomonedas: escalabilidad, interoperabilidad y cumplimiento de la normativa. Se financia mediante una oferta inicial de criptomoneda.

Desarrollo

El desarrollo de Cardano se divide en 5 etapas, conocidas como "eras". Cada una de estas eras corresponde a la implementación de nuevas funcionalidades para la blockchain de Cardano, y el desarrollo de la blockchain se considerará finalizado y se entregará a los propietarios de ADA en el lanzamiento de la quinta era.

El lenguaje de contratos inteligentes de Cardano permite a los desarrolladores ejecutar pruebas de extremo a extremo en su programa sin salir del entorno de desarrollo integrado ni desplegar su código.

En 2017, IOHK, la empresa detrás de Cardano, ayudó a la Universidad de Edimburgo a lanzar el Laboratorio de Tecnología Blockchain. En 2019, el ministro de Educación de Georgia, Mikhail Batiashvili, y Charles Hoskinson firmaron un memorando de entendimiento con la Universidad Libre de Tiflis para utilizar Cardano y Atala para construir un sistema de verificación de títulos para Georgia. En 2018, Cardano se asoció con el gobierno etíope para que Cardano pudiera desplegar su tecnología en una variedad de industrias en todo el país. IOHK donó 500.000 dólares a Ada en la Universidad de Wyoming para apoyar el desarrollo de la tecnología blockchain. El fabricante de calzado New Balance utilizará una cadena de bloques de contabilidad distribuida para rastrear la autenticidad de su última zapatilla de baloncesto. La plataforma se construirá sobre la cadena de bloques Cardano.

El 29 de abril de 2021, Cardano dio a conocer una asociación con el gobierno etíope para conectar e identificar a casi 5 millones de estudiantes del país. Utilizando la solución de identidad descentralizada Atala PRISM y la instalación de la infraestructura necesaria para conectar a la población a internet y a blockchain, el gobierno etíope pretende utilizar esta tecnología para identificar y seguir el progreso de los estudiantes a lo largo de su carrera escolar. Atala PRISM permite el seguimiento de las calificaciones escolares, la identidad de los estudiantes, los trabajos realizados, los cursos realizados y mucho más. A 29 de abril de 2021, esta asociación es el mayor acuerdo de la historia entre una entidad gubernamental y una empresa de desarrollo de blockchain.

El 4 de mayo de 2022, la blockchain Cardano adquirió su primera stablecoin nativa, Djed, creada por la red Coti.

Tecnologías asociadas

Como Cardano es una cadena de bloques descentralizada, varias empresas y organizaciones independientes de la Fundación Cardano o IOHK pueden desarrollar soluciones de cadena de bloques. Estas soluciones incluyen plataformas NFT para tokens no fungibles (Ada Handle, spacebudzNFT, jpg.store, Freeroam.io, epoch.art, genesishouse.io, martify.io, tokhun.io, artano.io), plataformas de préstamos financieros y financiación descentralizada (Adalend, Lending Pond, FluidTokens, Aada Finance, Ligwuid Labs, LiqwidX, Ardana project, MilkyDex, Indigo protocol, Genius yield, Maladex), metaversaciones (Pavia, Cardano village, Adaland), plataformas descentralizadas de intercambio de criptomonedas (Minswap, Muesliswap, Sundaeswap, wingriders, Milkyswap) y monederos descentralizados (Yoroi, Gero wallet, Eternl, Typhon wallet).

Cardano minería

El proyecto ofrece herramientas para crear aplicaciones descentralizadas basadas en contratos inteligentes. En el caso de Cardano, los desarrolladores querían resolver los problemas de Ethereum, entre ellos el escaso ancho de banda de la red. Como resultado, Cardano se incluyó en la lista de plataformas "asesinas potenciales" de Ethereum. La criptomoneda Cardano funciona con el algoritmo PoS. Esto significa que su minería se denomina más correctamente "staking".Hay dos maneras de realizar el staking de Cardano:

- Mediante la ejecución de su propio nodo (un nodo de red para gestionar las misiones de red). El proceso requiere profundos conocimientos técnicos. Un salario más alto será la recompensa por el trabajo.

- Delegando tareas. La idea es transferir tu propia parte de las operaciones al propietario del nodo. En respuesta, tendrás que compartir la recompensa con el propietario del nodo.

Avalancha

Avalanche es una cadena de bloques descentralizada y de código abierto centrada en contratos inteligentes y que funciona con un modelo de prueba de participación. **AVAX** es la criptomoneda nativa de la plataforma.

Historia

Avalanche comienza como un protocolo de resolución de consenso en una red de máquinas poco fiables. Los fundamentos del protocolo fueron compartidos por primera vez en el Sistema de Archivos Interplanetario en mayo de 2018 por un grupo de entusiastas que se hacen llamar "Team Rocket".

A continuación, el protocolo fue desarrollado por investigadores de la Universidad de Cornell, dirigidos por Emin Gün Sirer y los estudiantes de doctorado Maofan Ted Yin y Kevin Sekniqi. Tras la fase de investigación, se fundará una start-up para desarrollar una red blockchain que responda a las necesidades de la industria financiera. En marzo de 2020, la base de código AVA (Developer Accelerator Program o AVA DAP) para el protocolo de consenso Avalanche se publicó como código abierto y se puso a disposición del público.

En septiembre de 2020, la empresa publicó su token nativo AVAX.

En septiembre de 2021, la fundación Ava labs recibió una inversión de 230 millones de dólares de un grupo formado por Polychain y Three Arrows Capital, a través de la compra de la criptodivisa AVAX.

En noviembre de 2021, tras un acuerdo con Deloitte para mejorar la *financiación de la ayuda en caso de catástrofe en Estados Unidos*, la blockchain Avalanche se sitúa entre las 10 criptomonedas con mayor capitalización.

En agosto de 2022, el denunciante de "Crypto Leaks" publicó un informe en el que acusaba a Ava Labs de acuerdos secretos con un bufete de abogados con el objetivo de desestabilizar legalmente a los competidores de Avalanche. El director general de Ava Labs, Emin Gün Sirer, niega cualquier trato sucio con *Roche Freedmen*.

Diseño

AVAX

Avalanche (AVAX) es el token nativo de Avalanche, que cotiza en la X-Chain.

Protocolo

El protocolo consta de cuatro mecanismos básicos interdependientes que constituyen el soporte estructural de la herramienta de consenso. Estos cuatro mecanismos son *Slush, Snowflake, Snowball* y *Avalanche*. Al utilizar el muestreo aleatorio y la metaestabilidad para verificar y preservar las transacciones, representa una nueva familia de protocolos. Aunque el artículo original se centraba en un único protocolo (Avalanche), implícitamente introducía una amplia gama de protocolos de consenso basados en votación y quórum, conocidos como la *familia Snow*. Mientras que Avalanche es una única instanciación, la familia Snow parece ser capaz de generalizar todos los protocolos de votación basados en quórum para el control de réplicas. A diferencia de los trabajos anteriores basados en el quórum, la familia Snow permite una probabilidad de fallo en la intersección del quórum arbitrariamente parametrizable. Los protocolos estándar basados en el quórum definen esta probabilidad de fallo exactamente como cero, pero al introducir errores en la intersección del quórum, se dispone de un conjunto más amplio de diseños de protocolos de consenso.

Fondo

Los protocolos de consenso son la raíz del problema de la replicación de máquinas de estado, cuyo objetivo es permitir que un conjunto de máquinas llegue a un acuerdo en una red incluso cuando un subconjunto de las máquinas está corrupto. Actualmente existen dos familias principales de protocolos de consenso: los protocolos de consenso clásicos y los protocolos de consenso Nakamoto. El primero llega a un consenso mediante quórums y, por tanto, requiere una votación. Instancias famosas de esto son Paxos (en un entorno tolerante a fallos) y PBFT en el caso bizantino tolerante a fallos. Estos protocolos llegan a un acuerdo en una operación similar a la de un parlamento: se presenta una propuesta (transacción) y se vota para aceptarla o rechazarla. Si se acumulan suficientes votos emitidos por las distintas réplicas (normalmente recogidos a través de réplicas de líderes elegidos), entonces se alcanza un quórum y, por tanto, un acuerdo.

La segunda familia, lanzada por Satoshi Nakamoto y Bitcoin, es la familia de consenso Nakamoto. A diferencia de los protocolos basados en quórum, las máquinas que ejecutan una instancia del Consenso Nakamoto llegan a un acuerdo sobre las transacciones descargando la cadena más larga (normalmente llamada bifurcación). En Bitcoin, la cadena más larga se verifica asegurándose de que es la que tiene el mayor grado de trabajo (o prueba de trabajo). Snow, aunque basado en quórum, parece ser una generalización universal de todos los protocolos basados en quórum. A diferencia de trabajos anteriores que exigían que los quórums fueran deterministas, es decir, que la probabilidad de fallo fuera precisamente cero, Avalanche relaja este requisito, permitiendo que los protocolos basados en quórum estimen el estado global de la red *con errores*.

Supuestos

Mientras que la *familia Snow* puede generalizarse teóricamente a todas las clases de supuestos que los protocolos basados en quórum han hecho previamente, el documento de formalización analiza Avalanche bajo una red asíncrona en el marco bizantino. Los supuestos son los siguientes:

Procesadores

- Los procesadores funcionan a una velocidad arbitraria.

- Los procesadores pueden experimentar fallos arbitrarios, incluso bizantinos.

- Los procesadores con almacenamiento estable pueden unirse al protocolo tras los fallos.

- Los subcontratistas pueden confabularse, mentir o intentar burlar el protocolo. (En otras palabras, el ajedrez bizantino está permitido).

Red

- Los procesadores pueden enviar mensajes a cualquier otro procesador.

- Los mensajes se envían de forma asíncrona y pueden tardar un tiempo arbitrario en entregarse.

- Los mensajes pueden perderse, reorganizarse o duplicarse.

- Los mensajes se entregan sin corrupción, es decir, un adversario no puede falsificar las firmas digitales.

Propiedades de seguridad y vivacidad

La *familia Snow* generaliza las definiciones típicas de seguridad y vivacidad que se encuentran en los protocolos basados en quórum. Para Avalanche en particular, estas propiedades son :

Acuerdo (o *coherencia*, o *seguridad*)

Si un nodo (o una máquina) finaliza un valor *v*, ningún otro nodo finalizará otro valor *u* que entre en conflicto con *v* con una probabilidad mayor que ϵ.

Terminación (o vivacidad)

Si la red reanuda el funcionamiento síncrono, todos los nodos llegarán a un acuerdo.

Avalanche, como otras redes asíncronas, no tiene garantizada la terminación y, por tanto, no tiene la propiedad de vivacidad mientras es asíncrona. Al igual que Paxos, el objetivo de Avalanche es asegurar la tolerancia a fallos y garantiza la seguridad en asíncrono, pero no la vivacidad. Esto contrasta con el consenso de Nakamoto, que garantiza la vivacidad pero no la seguridad durante la asincronía.

Dogecoin

Dogecoin (['doʊʒkɔɪn], código: **DOGE**, símbolo: **Đ** y **D**) es una criptomoneda con una imagen del perro Shiba Inu del meme "Doge" como logotipo. Presentada como una broma el 6 de diciembre de 2013, Dogecoin desarrolló rápidamente su propia comunidad online y alcanzó una capitalización de 60 millones de dólares en enero de 2014.

En comparación con otras criptomonedas, Dogecoin tuvo un rápido programa de producción inicial: 100.000 millones de monedas estaban en circulación a mediados de 2015, con 5.250 millones de monedas adicionales cada año a partir de entonces. A 30 de junio de 2015, se había acuñado la moneda Dogecoin número 100.000 millones. Aunque tiene pocas aplicaciones comerciales, su popularidad ha crecido. Dogecoin es una criptomoneda altcoin y la primera y principal *meme coin*.

Panorama general e historia

Dogecoin fue creada por el programador Billy Markus, residente en Portland, que esperaba crear una criptomoneda divertida que pudiera llegar a más gente que Bitcoin. Además, quería distanciarse de la controvertida historia de otras monedas. Por su parte, Jackson Palmer, miembro del departamento de marketing de Adobe en Sídney, fue animado en Twitter por un estudiante del Front Range Community College a hacer realidad la idea.

Tras recibir varias menciones en Twitter, Palmer compró el dominio dogecoin.com y añadió una pantalla de presentación, con el logotipo de la moneda y texto en Comic Sans. Markus vio el sitio enlazado en un foro de discusión IRC y se dispuso a crear la moneda tras ponerse en contacto con Palmer. Markus basó Dogecoin en una criptomoneda ya existente, Luckycoin, que cuenta con una recompensa aleatoria recibida por minar un bloque, esta característica fue sustituida posteriormente por una recompensa estática por bloque en marzo de 2014. A su vez, Luckycoin se basa en Litecoin, que también utiliza la tecnología scrypt en su algoritmo de prueba de trabajo. El uso de scrypt significa que los mineros no pueden utilizar equipos de minería SHA-256 como con bitcoin y la creación de FPGAs dedicados y circuitos ASIC para la minería es complicada. Dogecoin se lanzó oficialmente el 6 de diciembre de 2013 . La red estaba originalmente destinada a producir 100 mil millones de Dogecoins, pero más tarde se anunció que produciría un número infinito de Dogecoins.

El 19 de diciembre de 2013, Dogecoin subió casi un 300% en 72 horas, de 0,00026 dólares a 0,000 95 dólares, con un volumen de miles de millones de Dogecoins al día. Este crecimiento se produjo en un momento en el que Bitcoin y muchas otras criptodivisas se veían afectadas por la decisión de China de prohibir a los bancos chinos invertir en la economía Bitcoin. Tres días después, Dogecoin sufrió su primer gran desplome, cayendo un 80% como consecuencia de este acontecimiento y de la presencia de vastos grupos de ordenadores que explotaban la limitada potencia necesaria para minarla.

El 25 de diciembre de 2013 se produjo el primer robo importante de Dogecoin, cuando millones de monedas fueron robadas durante un hackeo de la plataforma de monederos de criptomonedas en línea Dogewallet. El hacker accedió al sistema de archivos de la plataforma y modificó su página de envío/recepción para enviar todas las monedas a una dirección estática. Este incidente de pirateo generó tweets sobre Dogecoin, convirtiéndola en la altcoin más mencionada en Twitter en ese momento, a pesar de ser un suceso negativo. Para ayudar a aquellos que perdieron fondos en Dogewallet después de que fuera vulnerado, la comunidad Dogecoin lanzó una iniciativa llamada "SaveDogemas" para ayudar a donar monedas a aquellos que habían sido robados. Aproximadamente un mes después, se donó suficiente dinero para cubrir el importe de todas las monedas robadas. En enero de 2014, el volumen de negociación de Dogecoin superó brevemente al de Bitcoin y al de todas las demás criptodivisas, pero su capitalización de mercado siguió siendo considerablemente inferior a la de Bitcoin.

En abril de 2015, Jackson Palmer anunció que se tomaba una "excedencia prolongada" de la comunidad de criptomonedas. El 25 de abril de 2015, Dogecoin tenía una capitalización de mercado de 13,5 millones de dólares.En enero de 2018, la capitalización alcanzó los 2.000 millones de dólares. Esto disminuyó bruscamente a partir de entonces, estableciéndose en poco más de 250 millones de dólares en enero de 2019.

En julio de 2020, el precio de Dogecoin se disparó siguiendo una tendencia de TikTok para elevar el precio de la moneda a 1 dólar.

El 4 de mayo de 2021, el valor de Dogecoin superó por primera vez la barrera simbólica de los 0,50 dólares, lo que supone un incremento de más del 20.000% en un año.

El 9 de mayo de 2021, SpaceX anunció una misión de transporte compartido a la Luna financiada íntegramente con Dogecoin, convirtiéndose en la primera misión espacial financiada por una criptomoneda. Elon Musk confirmó la noticia a través de Twitter. DOGE-1 será una carga útil menor de 40 kg para viajes compartidos en la misión IM-1 de Intuitive Machines en el primer trimestre de 2022.

Recaudación de fondos

La comunidad y la Fundación Dogecoin han fomentado la recaudación de fondos para organizaciones benéficas y otras causas notables. El 19 de enero de 2014, la comunidad organizó una recaudación de fondos con el objetivo de reunir cincuenta mil dólares para el equipo jamaicano de bobsleigh, que se había clasificado para los Juegos Olímpicos de Invierno de Sochi pero no podía permitirse ir. El segundo día, se donaron treinta y seis mil dólares en Dogecoins y el tipo de cambio de Dogecoin a Bitcoin aumentó un 50%. La comunidad Dogecoin también recaudó fondos para el único atleta indio en Sochi, el atleta de luge Shiva Keshavan.

Doge4Water

Inspirándose en la recaudación de fondos para los Juegos Olímpicos de Invierno y en éxitos menores, la Fundación Dogecoin, dirigida por Eric Nakagawa, empezó a recaudar donativos para la construcción de un pozo en la cuenca del río Tana, en Kenia, en colaboración con Charity: Water. Decidieron reunir un total de cuarenta millones de Dogecoins (treinta mil dólares de la época) antes del Día Mundial del Agua (22 de marzo). La campaña fue un gran éxito, atrayendo donaciones de más de cuatro mil donantes, entre ellos un benefactor anónimo que donó catorce millones de Dogecoins (unos once mil dólares).

NASCAR

El 25 de marzo de 2014, la comunidad consiguió recaudar 67,8 millones de Dogecoins (unos 55.000 dólares de la época) con el objetivo de patrocinar al piloto de NASCAR Josh Wise. Wise presentó una ilustración pictórica patrocinada por Dogecoin y Reddit en Talladega Superspeedway. El 4 de mayo de 2014, Wise y su coche fueron protagonistas durante casi un minuto, durante el cual los comentaristas de la carrera hablaron sobre Dogecoin y el esfuerzo de crowdfunding, terminó vigésimo y evitó por poco varios naufragios. El 16 de mayo de 2014, Wise ganó un puesto en la Sprint All-Star Race gracias a una votación en línea venciendo a Danica Patrick, principalmente gracias a los esfuerzos de la comunidad Dogecoin y Reddit. Terminó la carrera en decimoquinta posición, siendo el último coche de la carrera. En la siguiente carrera de Coca-Cola 600, Wise llevó un casco Dogecoin / Reddit.com. Más tarde, Wise anunció que volvería a usar el coche en la Toyota / Save Mart 350 como agradecimiento a la comunidad y en la GEICO 500. Terminó vigésimo octavo en la carrera debido en parte a un problema de abastecimiento de combustible; estaba en duodécima posición después de una parada para repostar, pero el bidón de gasolina no enganchó lo suficiente, lo que resultó en una segunda parada en boxes que le llevó hacia la parte trasera del campo. El desarrollador del videojuego *NASCAR '14 ha* anunciado planes para añadir el coche Dogecoin como coche conducible en un próximo DLC.

Uso e intercambios

Varias bolsas online ofrecen intercambios DOGE / BTC y DOGE / LTC. Tres intercambios, Mengmengbi, Bter y BTC38, ofrecen el comercio DOGE / CNY. El 8 de enero de 2014, AltQuick.co fue el primer intercambio en lanzar el intercambio DOGE / USD. El 30 de enero de 2014, el intercambio canadiense Vault of Satoshi también anunció el comercio de DOGE / USD y DOGE / CAD. En febrero de 2014, el intercambio con sede en Hong Kong Asia Nexgen anunció que apoyaría el comercio de Dogecoins en las principales monedas. El intercambio BTC38 de China también agregó su apoyo al intercambio Dogecoin, aumentando la capitalización del mercado de 24 horas. En su primer día de cotización, Dogecoin fue la segunda moneda más negociada en la plataforma, después de Bitcoin. En septiembre de 2014, la bolsa británica Yacuna comenzó a ofrecer operaciones con DOGE / EUR y DOGE / GBP.

El 31 de enero de 2014, el volumen de negociación en las principales bolsas de valores se valoró en 1,05 millones de dólares. La capitalización bursátil fue de 60 millones de dólares. Tres bolsas representaron la mayor parte del volumen: Bter (60%), Cryptsy (23%) y Vircurex (10%). Los pares de divisas más negociados fueron DOGE / BTC (50%), DOGE / CNY (44%) y DOGE / LTC (6%).

El comercio de objetos físicos y tangibles a cambio de DOGE tiene lugar en comunidades en línea como Reddit y Twitter, donde los usuarios comparten con frecuencia información relacionada con las divisas.

El primer cajero automático Dogecoin fue exhibido en Vancouver Coinfest en febrero de 2014 . Dos cajeros automáticos de Bitcoin que admiten Dogecoins y otras altcoins abrieron en Tijuana el 17 de marzo de 2014

Dogecoin también se ha utilizado para intentar vender una casa y se ha empleado en las industrias de la pornografía y el póquer.

Dogetipbot era un servicio de transacción de criptomonedas utilizado en sitios populares como Reddit y Twitch.tv. Permitía a los usuarios enviar Dogecoins a otros usuarios mediante comandos o a través de comentarios de Reddit, el soporte para Twitch.tv y Twitter se había interrumpido antes. El servicio se lanzó en 2013 en Reddit. La marca "dogetipbot" se registró oficialmente el 19 de agosto de 2014. En noviembre de 2014, el equipo de desarrolladores de dogetipbot recaudó 445.000 dólares en financiación de capital riesgo. En mayo de 2017, Dogetipbot fue cerrado y desconectado después de que su creador se declarara en quiebra. Esto hizo que muchos usuarios de Dogetipbot perdieran sus monedas almacenadas en el sistema de Dogetipbot.

DogeAPI fue un popular monedero digital para Dogecoins. Se vendió en agosto de 2014 al desarrollador de la API Blockchain Block.io.

Evolución de los precios y la capitalización

Grifos

La naturaleza jocosa de Dogecoin ha alimentado el concepto de cripto grifos, o *waterbowls* , como los ha bautizado la comunidad. Los cripto grifos son aplicaciones o sitios que dispensan pequeñas cantidades de monedas. El nombre "grifo" implica una pequeña recompensa, al igual que las pequeñas gotas de agua que gotean de un grifo con fugas. El propósito de un cripto grifo era introducir el concepto de cripto y Dogecoin a personas de todo el mundo, ofreciendo una criptomoneda gratuita para que la gente se tomara el tiempo de conocer e invertir en activos digitales.

Parámetros mineros

La implementación de Dogecoin difiere de Litecoin en varios aspectos. Dogecoin tiene un tiempo de bloque de un minuto, a diferencia de los 2,5 minutos de Litecoin.

Se han descubierto varios casos en los que se ha utilizado el ordenador de una empresa o universidad para minar Dogecoin.

El tamaño de la blockchain de Dogecoin era de 38,8 gigabytes en octubre de 2019.

Descentralización

En octubre de 2018, el número de nodos activos en la red Dogecoin rondaba los 20.000. La mayor parte del trabajo de minería lo realizan granjas mineras, no individuos.

Número de Dogecoin

A diferencia de las criptomonedas deflacionistas, que limitan el número de monedas que se pueden producir, el número de Dogecoins que se pueden producir es ilimitado, lo que la convierte en una moneda inflacionista. Originalmente estaba previsto que tuviera un límite de 100.000 millones de monedas, lo que ya habría representado muchas más monedas de las que permitían las principales divisas digitales. En febrero de 2014, el fundador de Dogecoin, Jackson Palmer, anunció que se eliminaría este límite y no habría tope, lo que debería traducirse en una reducción constante de su tasa de inflación durante un largo periodo de tiempo.

Shiba Inu

El token **Shiba Inu** (ticker: **SHIB**) es una criptomoneda descentralizada creada en agosto de 2020 por una persona o grupo anónimo que utiliza el seudónimo "Ryoshi". Está inspirada en el Shiba Inu (柴犬), una raza de perro japonesa, que también sirve como mascota para Dogecoin, otra criptomoneda que encuentra sus orígenes en los memes.

Descripción

Shiba Inu se presenta con una imagen de marca que la posiciona como "competidora potencial de Dogecoin". El Shiba Inu también se clasifica a menudo como una "meme coin".

Historia

El 13 de mayo de 2021, Vitalik Buterin donó más de 50.000 billones de SHIB (por valor de más de mil millones de dólares en aquel momento) al fondo indio COVID-Crypto Relief Fund.

En octubre de 2021, el precio de mercado de la criptomoneda subió significativamente, aumentando un 240% en una semana. Shiba Inu superó entonces a DogeCoin en términos de capitalización de mercado.

346.828 personas firmaron una petición en línea en la que se pedía a la plataforma de inversión bursátil Robinhood que incluyera la criptomoneda. Al mismo tiempo, surgió la preocupación por la concentración de la moneda en un único monedero "ballena" que controlaba tokens por valor de miles de millones de dólares, y la compra frenética por parte de inversores minoristas, impulsados por el síndrome FOMO.

En noviembre del mismo año, el Shiba Inu se enfrentó a un declive, perdiendo alrededor del 55% de su valor a finales de mes.

Otros libros de United Library

https://campsite.bio/unitedlibrary